AF357640

HISTOIRE

DE

PERSE.

TOME II.

HISTOIRE

DE

PERSE,

DEPUIS LE COMMENCEMENT
DE CE SIECLE.

TOME SECOND.

A PARIS, rue Dauphine,

Chez CHARLES - ANTOINE JOMBERT, Libraire
du Roi pour l'Artillerie & le Génie,
à l'Image Notre-Dame.

M. DCC. L.

Avec Approbation & Privilege du Roy.

SOMMAIRE

DU

CINQUIE'ME LIVRE.

I. *A*SCHRAF *quitte l'armée ; on le ra-*
mene (1). *Il eſt accuſé d'intelligen-*
ce avec l'ennemi (2). *Réfléxion à ce ſu-*
jet. L'affection des troupes lui ſauve la
vie (3).

(1) Joſeph, II. *Rel.*   (2) Revol. II. *306.*
(3) Joſeph, II. *Rel.*

II. *Datte de l'entrée de Mahmoud* (1)*.*
Meſures priſes & détail du cortége (2)*.*
Le Roi le quitte & prend un autre che-
min. Réception faite au vainqueur (3)*.*
Parfum (4)*. Salves & imprécation* (5)*.*
Conduite des François (6)*. Mahmoud*
prend poſſeſſion du thrône (7) *eſt re-*
connu par Chah-Huſſein (8) *& reçoit*
le ſerment de fidélité des Grands (9)*.*
Salves d'artillerie (10)*. Régal qui ter-*
mine la cérémonie (11)*.*

(1) Joſeph, I. *Rel.* P. Jerôme.   (2) Joſeph,
Not. (3) Joſeph, I. *Rel.* (4) Pere Reynal.
(5) Joſeph, *Not.* (6) Joſeph, I. *Rel.* (7) Pere
Reynal. Revol. II. 200.   (8) Pere Reynal.
(9) Revol. (10) Pere Reynal.   (11) Revol.

III. *La famine cesse* (1). *Les Ministres sont conservés* (2). *On leur donne des adjoints. Un Aghvan est nommé Divan-Begh* (3). *Police qu'il établit* (4).

(1) P. Reynal. Revol. II. 200. (2) Joseph, I. Rel. Revol. II. 204. (3) Revol. (4) *Ibid.* & I. 165. Joseph, I. Rel.

IV. *Justice politique. Générosités de l'Athemat - Doulet* (1). *Graces accordées aux Européans* (2). *Les Capucins perdent leur couvent* (3). *L'on en fait des cazernes* (4). *Ils se retirent chez le Consul* (5).

(1) Revol. II. 202. (2) Joseph, I. *Relat.* (3) *Ibid.* P. Joseph. (4) Joseph, I. *Rel.* (5) *Ibid.* P. Joseph.

V. *Retour des habitans. Dispersion du Haram. Prison du Roi & des Princes. Conduite de Mahmoud à l'égard du Roi. Il épouse une de ses filles & en marie une autre à son Miangi. Lettres circulaires qui confirment l'abdication.*

(1) Joseph, I. Rel.

VI. *Tahmas-Mirza prend le titre de Roi. Imposition sur Ispahan. Taxe du Hakim-Bachi. Mahmoud envoye lever des troupes en Candahar & se dispose à as-*

siéger Casbin (1). *Motifs de cette entreprise* (2). *Nombre de troupes qu'il y destine* (3). *Aschraf & Nazr - Ulla se joignent à ce détachement* (4). **Datte du** *départ* (5).

(1) Joseph, I. Rel.   (2) Revol. II. 207, 272.
(3) Joseph, I. Rel. & Not.   (4) Joseph, II. Rel.
(5) P. Reynal. Revol. II, 207.

VII. *Tahmas qui avoit renvoyé ses troupes se retire. Quelques places se rendent aux Aghvans. Réception qu'on leur fait à Casbin. Le trésor destiné pour le Candahar est pris & envoyé à Tahmas* (1).

(1) Joseph, I. Rel.

VIII. *Beau projet de Pierre le Grand* (1). *Avantages du canal de la Neva & de la position de Petersbourg & d'Astracan* (2). *Il envoye lever la carte de la Mer Caspienne & de la Doria* (3) *par Alexandre Bekewitz* (4). *Succès de cette entreprise* (5).

(1) M. de Voltaire, I. 49. (2) Nestesuranoi,
IV. 610.   (3) Ibid. 608. Mem. sur la Russie, I.
262.   (4) Mém. sur la Russie.   (5) Nestesuran,
IV. 609.

IX. *Bekewitz retourne sur ces côtes, & y bâtit deux Forts. Artifice des Tartares.*

*Il périt avec presque toutes ses troupes.
Usage que l'on fait de ses canoniers & de
son artillerie (1).*

(1) Mém. sur la Russie, I. 315.

X. *Caravane égorgée par les Usbecs (1).
Ambassade du Czar en Perse. Réponse
de Mahmoud (2). Vûes du Czar sur la
Géorgie. Circonstances qui les favori-
sent (3). Il part pour se mettre en campagne (4).*

(1) Mém. sur la Russie, I. 315.   (2) Nestesuranoi, IV. 604. (3) Mém. de Bonnac. (4) Nestesuranoi, IV. 613.

XI. *Etat de ses troupes (1) & de sa flotte.
Il arrive à l'embouchure de la Terki (2).
Il fait publier un Manifeste (3). Ce qu'il
y expose (4). Ce Manifeste est envoyé à
Derbend & à Chamaki (5). Combat &
sac d'Andreof (6).*

(1) Nestesuranoi, IV. 611.   (2) Ibid. 620,
Journal du Czar.   (3) Ibid. Lettre I. du Czar.
(4) Manif. du Czar.   (5) Journ. du Czar. Nestesuranoi. (6) Ibid. Lett. I. du Czar. M. Makaroff.

XII. *Arrivée au cap d'Agragan. L'on y
débarque & l'on s'y retranche (1). Quelques Sultans se présentent au Czar. Les*

(1) Journ. du Czar. M. Makaroff. Nestesuranoi, IV. 623.

Russes sont reçus dans Tarcou (2). Ce qu'ils eurent à souffrir (3). Dispositions du Gouverneur de Derbend (4). L'on arrive sur les terres d'Undenich. Défaite de ce Sultan (5). Il viole le droit des gens. Représailles (6).

(2) Journ. du Czar. Neftefuranoi.   (3) Lettre I. du Czar.   (4) Journal. du Czar. Monfieur Makaroff. Neftefuranoi. (5) Journ. & Lett. I. du Czar. Lettre de Derbend. Neftefuranoi. (6) Journ. du Czar. Lett. de Derbend. Neftefuranoi.

XIII. *Marche jusqu'à la Darbach (1). Lettres de Bacou (2). Le Czar eft reçu dans Derbend (3). Il campe au-delà (4). Description de Derbend (5). La faifon (6) & la fituation de Vactan (7) le déterminent à ne point paffer le Milenkenti (8).*

(1) Journ. du Czar. Neftefuranoi, IV. 631. (2) *Ibid.* Lett. I. du Czar.   (3) *Ibid.* Jofeph, I. *Rel.* (4) Journ. du Czar. Neftefuranoi. (5) Mémoires particul.   (6) Lett. II. du Czar. Neftefuranoi.   (7) M. de Bonnac.   (8) Lettre II. du Czar. Neftefuranoi.

XIV. *Le Czar confirme le Gouverneur de Derbend dans fon emploi & y laiffe garnifon (1). Il fe remet en marche, fait*

(1) Jofeph, I. *Rel.*

Marquis de Bonnac au Grand Visir (1). *Démarches & précautions du Ministre Turc. Il dépêche un Officier au Czar* (2), *avec ordre d'en tirer au plutôt une réponse positive* (3).

(1) M. de Bonnac.   (2) Nouv. publ.   (3) M. de Bonnac.

XVIII. *Extorsions & licence des Aghvans à Casbin* (1). *Conspiration* (2). *Datte du soulevement* (3). *Indices qui en font avancer l'heure* (4). *Détail du combat* (5). *Aman-Ola blessé* (6) *se sauve, & comment* (7). *Déroute des Aghvans. Ils abandonnent leurs bagages* (8), *le trésor & leurs esclaves* (9).

(1) Joseph, I & II. *Rel.* P. Reynal. Revol. II. 209. (2) Revol. (3) Joseph, I. *Rel.* (4) Revol. (5) Joseph, I. *Rel.* (6) *Ibid.* P. Reynal. Revol. (7) Joseph, I. *Rel.* (8) *Ibid.* P. Jerôme. P. Reynal. Revol. (9) Joseph, I. *Rel.*

XIX. *Trait de politique de Mahmoud. Retour des Aghvans* (1). *Pertes faites sur la route* (2). *Défection d'Aschraf* (3) *& d'un gros de cavalerie* (4).

(1) Joseph, I. *Rel.* (2) Revol. II. 213. (3) Joseph, II. *Rel.* (4) *Ibid.* Revol.

XX. *Datte du retour d'Aman-Ola* (1),

(1) Joseph, *Not.*

A iiij

& de l'événement qui fuit (2). Maſſacre des Miniſtres & des Seigneurs Perſans (3). Des principaux Seigneurs qui périrent ; l'on épargne l'Athemat-Doulet , & pourquoi (4). Circonſtances de la mort d'un jeune Seigneur (5).

(2) *Ibid.* Revol. II. 215.   (3) Joſeph , I. *Rel.* P. Jerôme. P. Reynal. Revol.   (4) Joſeph , I. *Rel.*   (5) Revol.

XXI. *L'on expoſe leurs corps (1). Leurs fils ſont égorgés (2). Cruautés de Mahmoud envers de jeunes gens & envers les Perſans qu'il avoit pris à ſa ſolde (3). Il fait faire main-baſſe ſur tous ceux qui avoient tiré quelque paye du tréſor royal (4). Abattement des peuples (5). Prétextes allegués par Mahmoud (6).*

(1) Joſeph , I. *Rel.* & *Not.* P. Reynal. Revol. II. 216.   (2) P. Reynal. Revol.   (3) Revol.   (4) Joſeph , *Not.*   (5) P. Jerôme.   (6) Revolut.

XXII. *Arrivée d'un envoyé Turc. Il voit Chah-Huſſein. Maſſacre de quelques perſonnes qui vouloient le ſuivre (1). Mahmoud acheve de dépeupler Iſpahan (2).*

(1) Joſeph , I. *Rel.*   (2) Revol. II. 221.

XXIII. *Mouvemens des peuples de la cam-*

pagne (1). *Courses des habitans de Ben-*
Iſpahan (2). *Les Aghvans craignent*
d'être affamés. Excurſion de Nazr-Ulla.
Il envoye des vivres à Iſpahan (3). *Il*
s'empare de Comſchah & part pour une
nouvelle expédition (4). *Route qu'il*
prend (5). *Il bat les ennemis & eſt re-*
pouſſé de devant Amadan (6).

(1) Joſeph, I. *Rel.* P. Jerôme. Revol. II. 225.
(2) Revol. II. 223. (3) *Ibid.* 225. (4) Joſep.
I. *Rel.* (5) Revol. (6) Joſeph, I. *Rel.*

XXIV. *Il pille le plat-pays* (1). *Terreur*
des peuples. Echec de Nazr-Ulla (2). *Il*
va à Derghezin. Religion de ces peu-
ples (3). *Leur origine & leurs mœurs.*
Ils acceptent ou demandent de quitter
leur pays (4). *Ils ſont conduits à Iſ-*
pahan (5). *Déſertion d'une partie d'en-*
tr'eux (6).

(1) Joſeph, I. *Rel.* (2) Revol. II. 227. (3) *Ib.*
Joſeph, I. *Rel.* (4) Revol. (5) *Ibid.* Joſeph,
I. *Rel.* P. Jerôme. (6) Joſeph, I. *Rel.*

XXV. *Taxe ſur les Européans. Gains im-*
menſes des Hollandois. Traitement qu'ils
éprouverent. Taxe ſur les Indiens (1).
Mahmoud fait trancher la tête à trois
ôtages Arméniens (2), *entre leſquels*

(1) Joſeph, I. *Rel.* (2) P. Jerôme. Joſep. *Not.*

HISTOIRE
DES
REVOLUTIONS
DE PERSE.

LIVRE CINQUIE'ME.

N événement imprévû troubla les premieres douceurs du nouveau regne. Aschraf - Sultan n'avoit point oublié le péril où l'avoit exposé l'évasion de Tahmas-Mirza, & craignant que la protection qui l'en avoit sauvé ne fût regardée comme un nouveau crime par un Prince qui alloit devenir maître absolu, il avoit abandonné son poste pour se retirer en Candahar sous l'escorte de cent cavaliers choi-

A vj

fis, dès qu'il avoit fçu que le Roi fortoit d'Ifpahan.

Mahmoud qui fentit vivement les conféquences d'une telle défection, n'eut pas long-tems lieu de s'en allarmer ; car ayant chargé Nazr-Ulla de courir après lui avec un détachement de cinq cens chevaux, ce Général fit tant de diligence qu'il le joignit à Verfené, bourg éloigné de vingt lieues, d'où il le ramena au camp.

Si ce que l'on rapporte eft vrai, c'étoit le jufte reffentiment, & non la jaloufie de Mahmoud, qu'Afchraf cherchoit à éviter. L'on prétend que touché de commiferation pour l'état déplorable auquel le Roi étoit réduit, il lui avoit fait paffer des bleds pendant le fiége : l'on dit même qu'il lui avoit offert de fe jetter dans la ville avec fes troupes, moyennant une fomme d'argent ; mais, comme je l'ai déja fait obferver, Afchraf étoit le plus proche parent que Mahmoud eut alors près de lui ; & il eft plus naturel de croire que l'on femoit ces bruits pour diminuer l'attachement que les troupes lui témoignoient, que de le soupçonner de trahir des intérêts qui pouvoient devenir les siens.

Quoiqu'il en soit, les menaces de l'armée qui ne parloit pas moins que de retourner en Candahar si l'on formoit quelque entreprise contre ce Prince, lui sauverent une seconde fois la vie. Mahmoud feignit une seconde fois de lui pardonner, & dissimulant son ressentiment & sa jalousie, il ne parut plus songer qu'à monter sur le thrône qu'on venoit de lui céder.

II. Le vingt-sept du même mois (1), jour choisi pour cette cérémonie, Aman-Ola ayant posté des sentinelles sur les minarets & sur les autres édifices les plus élevés pour observer la contenance des peuples, les deux Rois sortirent du camp & s'avancerent vers la ville.

L'allée de Tscharbag étoit le chemin le plus court & le plus beau pour arriver au

___

(1) Le P. Jerôme & le Sieur Joseph sont d'accord sur cette date. Le P. Du-Cerceau dit que ce fut le 24, & le P. Reynal, le 25.

Palais ; mais foit que l'on n'eût point encore abbatu les retranchemens qui la coupoient, foit que Mahmoud voulût traverfer la ville pour fe faire voir à fes nouveaux fujets, ce Prince prit fa route en tirant vers le pont de Chiras.

Dix Officiers à cheval & environ deux mille cavaliers, entre lefquels on comptoit plufieurs Seigneurs de la Cour de Perfe, ouvroient la marche (2). Le Grand-Ecuyer du Prince Aghvan à la tête de quinze chevaux de main magnifiquement enharnachés paroiffoit enfuite ; il étoit fuivi de quelques moufquetaires à pied, & ces derniers, d'un corps de mille hommes d'infanterie.

Le Grand-Maître des cérémonies au milieu de trois cens négres habillés de drap écarlate, marchoit immédiatement après. Ces négres avoient été choifis entre les efclaves d'Ifpahan, pour compofer la garde du vainqueur.

(2) Le Pere Reynal donne une Relation toute différente, & bien peu vraifemblable, de cette entrée.

1722.

A quarante pas de diſtance, étoit Mahmoud monté ſur un cheval de grand prix dont le Vali d'Arabie lui avoit fait préſent le jour de l'abdication (3). L'infortuné Chah-Huſſein marchoit à ſa gauche. Ces Princes étoient ſuivis d'environ trois cens pages à cheval.

Le Miangi (4) & Aman-Ola-Kan que Mahmoud avoit nommé ſon Grand-Viſir depuis le commencement du ſiége (5), Moulla-Saffran, Moula de ce Prince, & Nazr-Ulla Sultan, l'un de ſes Généraux ; Moula-Mouſſa (6) ſon Grand-Tréſorier, & Méhemed - Aga Intendant de ſa maiſon (7), venoient enſuite, & après eux l'Athemat - Doulet & les principaux Officiers du Monarque déthrôné, confon-

(3) Tous les Seigneurs de la Cour lui avoient fait des préſens à cette occaſion. Le Sr Joſeph dit que ce cheval avoit coûté quatre mille écus.

(4) Ou *Mufti*, Juge qui décide ſur les points de la Loi.

(5) Aman-Ola, ſuivant le P. Du-Cerceau, n'obtint cette charge qu'après que Mahmoud qu'il vouloit quitter, ſe fût, comme on le verra, reconcilié avec lui.

(6) Mouſſa, *Moyſe*.

(7) Le *Nazr*, ou *Nazir*.

dus avec le reste des officiers Aghvans.

Enfin cent chameaux, chacun portant une des petites piéces d'artillerie dont on a parlé, précédés de cent muficiens, & fuivis d'environ fix mille cavaliers, compofoient le reste du cortége.

Lorfque l'on eut paffé le pont de Chiras, Chah-Huffein prenant fur la gauche fut conduit à travers les jardins du Palais à l'appartement, où il devoit être enfermé, & Mahmoud, qui négligeoit ainfi de le faire fervir d'ornement à fon triomphe, continuant fa route, arriva bientôt aux portes de la ville.

Les habitans, malgré leur douleur & leur mifere, ne purent fe difpenfer de donner quelques marques exterieures de refpect à leur nouveau Maître. Ils étendoient les étoffes les plus magnifiques fous les pieds de fon cheval, & des brafiers allumés de diftance en diftance rempliffoient l'air des parfums les plus précieux. L'artillerie dont les chameaux étoient chargés tiroit prefque continuellement; & dans les intervalles de ces falves, les dix officiers Aghvans qui marchoient à la tête du cortége, chargeoient à haute voix d'imprécations les sectateurs d'Ali.

Ce fut en cet ordre que le nouveau Monarque arriva au Palais Royal (8). Il y entra par la porte de la Chancellerie où le sieur De-Gardane accompagné de quelques François lui fit la révérence. Ce Prince passa ensuite dans la salle d'audience, & ayant pris possession du thrône en s'y plaçant, il fut salué pour la seconde fois en qualité de Roi de Perse, par Chah-Hussein, après quoi il reçut le serment de fidélité des Princes, des Ministres, des Grands & des principaux Chefs des troupes & de la Bourgeoisie. Un moment après le bruit de l'artillerie de la ville & de la citadelle annonça cet événement aux peuples, & la cérémonie finit par un régal que le Sultan, car ce fut ainsi qu'on le nomma par les suites, donna à ceux qui venoient au nom de tous de reconnoître son autorité.

(8) En Persan *Devlet-Kané*, l'habitation des Grandeurs.

III. Quelque grand que fut son changement de fortune, Mahmoud n'en fut point ébloui, & l'on peut dire qu'il regna dès les premiers momens en Prince né pour le thrône ; le soin le plus pressant étoit de faire cesser l'épouvantable famine qui achevoit de consumer un reste d'habitans ; il donna des ordres, & ils furent exécutés avec tant de diligence que l'on eut pour un écu, le jour même de son entrée, le *Batmen* (1) de pain qui la veille en couroit deux cens.

Il songea ensuite à l'arrangement des affaires, & il se conduisit en cela avec toute l'intelligence d'un politique consommé. Il étoit presque également dangereux de confier le détail du Gouvernement à ses principaux Officiers, ou de le laisser entre les mains des Ministres de Chah-Hussein : l'on ne pouvoit pas plus compter sur l'expérience des uns que sur la fidélité des autres. Mahmoud sentit tout l'inconvénient de l'alternative, & il l'éluda

(1) Douze livres, ou, selon Chardin, 11 liv. 12 onc. poids de marc.

en confirmant les Perfans dans leurs emplois, & donnant à chacun d'eux un collégue de fa nation.

Par ce trait de prudence il fe forma non-feulement des Miniftres, mais encore il prévint la défiance & la haine que l'exclufion du miniftere auroit infpirées à fes nouveaux fujets. Il n'y eut que la feule charge de Divan-Begh dont il laiffa l'entiere adminiftration à un Aghvan, préfumant peut-être que l'efprit de difcernement & d'équité fuffifoit pour en remplir les devoirs. Quoiqu'il en foit, il n'eut pas lieu de fe repentir de fon choix; car les Perfans mêmes s'étonnerent bientôt de voir la juftice exercée avec plus de droiture & d'intégrité fous le regne d'une nation étrangere, qu'elle ne l'avoit été fous celui de leur Souverain naturel.

Jamais Ifpahan n'avoit été mieux gouvernée. Des défenfes féveres mettoient les vaincus à l'abri de toute violence, & la difcipline la plus exacte faifoit la fûreté des vainqueurs. Une conduite fi fage diminuoit infenfiblement la confternation,

& un trait de politique dont l'équité apparente flattoit trop la haine du peuple pour ne le point éblouir, acheva bientôt de la diffiper.

IV. Mahmoud fit arrêter ceux, qui, au préjudice de la fidélité qu'ils devoient à leur Souverain, avoient eu pendant le fiége des intelligences avec les Aghvans. Tous par fes ordres, furent exécutés comme coupables de haute trahifon ; leur mémoire fut notée d'infamie, leurs biens furent confifqués & leurs corps expofés dans la place publique. Le Vali d'Arabie, quoique le plus criminel de tous, fut le feul qui échappa à un fi jufte châtiment. Soit, comme on l'a cru, que Mahmoud lui eût juré de ne point attenter à fa vie, foit qu'il craignît d'irriter les Arabes par le fuplice de leur Chef, il fe contenta de confifquer fes biens & de le condamner à une prifon perpétuelle. Sa Principauté héréditaire, qui étoit celle du (1) Couzif-

(1) Le *Khouziftan*, eft l'ancienne Sufiane. Les Arabes donnent à cette province le nom de *Ahuaz* fa capitale, qui, felon le Sieur Jo-

tan , province voifine du Golfe Perfi-
que, & dont Ahuaz eft la capitale, fut
donnée à un de fes coufins germains qui
avoit fervi dans l'armée des rebelles ; &
Mahmoud fe chargea de l'en mettre en poffeffion , dès que l'état des affaires lui per-
mettroit de tourner fes armes de ce côté.

La maniere dont il en ufa avec l'ancien
Athemat-Doulet ne plût pas moins aux
Perfans. Ce Miniftre avoit eu le courage
de mettre une forte de reftriction au fer-
ment de fidélité qu'il lui avoit prêté, en
le fuppliant de lui permettre de ne jamais
porter les armes contre le Prince Tahmas.
Mahmoud, par une fuite de la même politique , fit publiquement l'éloge de fa
générofité, il affecta même de lui témoi-
gner en cette confidération une eftime &
une confiance particuliere.

Les Perfans ne furent pas les feuls qui
eurent à fe louer des commencemens du
nouveau regne. Les Confuls des nations

feph, fe prononce aufli   vuza & Havouza. Les
Ahuza , dont quelques   Turcs l'appellent Hu-
Ecrivains ont fait Hac-   veize,

Européanes furent confirmés dans tous leurs privileges ; on leur en accorda de nouveaux, & les Missionnaires obtinrent le libre exercice de la religion Catholique, tant dans leurs Eglises d'Ispahan, que dans celles de Julfa. L'intérêt de l'Etat empêcha les Capucins de profiter de ces favorables dispositions. Ils s'étoient établis depuis plusieurs années dans une maison qu'ils avoient achetée près du fort Teber-rouk (2), & comme ce château sert de citadelle à la ville, Mahmoud leur fit demander leur couvent pour en faire un corps de cazernes. Ces Religieux se voyant par-là dans la nécessité d'en sortir, l'abandonnerent, & furent se retirer chez le Consul de France, en attendant qu'on leur donnât un autre logement.

V. Tant d'apparences d'équité dans un Prince que l'on n'avoit regardé jusqu'alors que comme un chef de brigands, attira bientôt dans la ville une partie de ceux qui s'étoient refugiés à la campagne. Chah-

____

(1) En Persan *Cala - Teberrouk*, château de la Bénédiction.

Huſſein étoit preſque le ſeul homme de
l'Empire qui eût à ſe plaindre de l'uſurpateur depuis ſon avénement au thrône.
Le nouveau Sultan s'étoit emparé de cinq
ou ſix cens Dames ou filles eſclaves qui
compoſoient ſon haram, & en avoit diſtribué la plus grande partie à ſes principaux Officiers ; de maniere que ce Monarque qui pouſſoit autrefois la ſenſualité juſqu'au point de rendre ſes ſujets
tributaires de ſes plaiſirs , n'avoit alors
dans l'appartement où il étoit réſerré d'autre compagnie que celle de cinq de ſes
femmes & de cinq domeſtiques ; car les
Princes du ſang étoient renfermés dans
un autre quartier du Palais , & gardés,
ainſi que lui, par un détachement de cent
hommes.

Mahmoud qui , ſelon les apparences,
n'en avoit agi de cette maniere que par
eſprit d'œconomie , avoit d'ailleurs beaucoup d'égards pour ce Prince. Il le con-
ſultoit ſur tout, & ne négligeoit aucun
moyen d'adoucir ſa diſgrace. Chah-Huſſein avant ſon abdication avoit marié une

de fes filles au Sadre (1). Le nouveau Sultan fuivit en cela fon exemple; il maria l'aînée des Princeffes qui reftoient à fon Miangi, & il époufa lui - même en grande pompe une des cadettes.

Ces égards, ou peut-être la néceffité d'obéir, engagerent enfin le Monarque détrôné à écrire une lettre circulaire par laquelle il confirmoit fon abdication, & enjoignoit aux habitans des villes & de la campagne de reconnoîrre l'autorité du vainqueur.

VI. fur ces entrefaites Tahmas-Mirza, qui étoit à Cafbin, ayant appris la reddition d'Ifpahan & la ceffion du thrône, prit le titre de Roi & fut reconnu pour tel par les provinces qui étoient demeurées fous l'obéiffance. Cette nouveauté fervit de prétexte à l'avidité de Mahmoud. A peine en fut-il informé, qu'il demanda cent vingt mille Tomans (1) à la ville pour fubvenir aux frais de la guerre.

---

(1) Sadr al Scheriah, *Chef de la Juftice.* C'eft *le Mufti* des Turcs, & le *Miangi* des Aghvans.

(1) Quinze millions.

II

Il taxa en même-tems le Hakim - Ba-
chi, ou premier Médecin du Roi, à vingt
mille Tomans (2). Cet homme avoit été
long-tems l'unique favori de son Maître,
& l'on avoit à lui reprocher de ne s'être
servi de son crédit que pour amasser des
richesses immenses, & pour perdre le premier Ministre Fet-Ali-Kan par un artifice,
qui, comme on l'a vû, avoit entraîné la
ruine totale de l'Etat. Comme ces circonstances l'avoient rendu odieux à sa nation, on ne craignit point de le traiter
à toute rigueur. Les gens préposés à la
taxe pesoient ses bijoux sans y compren-
dre la valeur des pierreries dont ils étoient
chargés, & ne les passant que sur le pied
de deux écus le *Mitkal* (3), l'on tient que
ce que l'on tira de cet homme ne valoit

(2) Deux millions 500 mille livres.

(3) Mithkal, ou Methkal. D'Herbelot dit que c'est la dragme Arabique, & qu'il en faut 12 pour faire une once. Le Mitcal ne se-toit donc que de 48 grains; cependant, se-lon le Sieur Joseph, il pese une dragme & de-mie, c'est-à-dire, 90 grains; ce que M. Du-Tot semble confirmer en le calculant d'après un passage de Chardin à $90 \frac{6}{25}$ grains.

pas moins de cent mille Tomans *(4)*.

Ces richesses & les sommes qu'Ispahan paya à compte de l'imposition , ayant été portées dans les coffres du Prince, le grand Tréforier Moula-Mouffa eut ordre d'aller en Candahar , & de se fervir des fonds qu'on lui remit pour y faire de nouvelles levées : il partit peu de tems après, & Mahmoud ayant appris que Cafbin étoit du nombre des villes qui avoient reconnu le Prince Tahmas , il tourna tous fes projets de ce côté.

L'on prétend que fon deffein étoit de céder cette ville & fes dépendances en Souveraineté à Aman-Ola , pour le dédommager en quelque maniere du thrône & des tréfors de Chah-Huffein , qu'il devoit , dit-on , partager avec lui , fuivant les conventions qu'ils avoient faites en affociant leur fortune. Quoiqu'il en foit, Mahmoud donna un détachement de fix mille Aghvans & de quatre mille étrangers à ce Général , & Afchraf & Nazr-Ulla s'étant joints à cette petite armée,

(4) Douze millions 500 mille livres.

elle partit d'Ispahan vers la fin du mois de Novembre.

VII. Tahmas qui ne présumoit pas que les Aghvans ouvrissent la campagne à la fin de l'arriere saison, qui est assez rude en ces quartiers, avoit, par le conseil de son premier Ministre, renvoyé ses troupes. Comme il se voyoit par-là hors d'état de faire tête à l'ennemi, il se retira à Zangan, dès qu'il sçût qu'il approchoit ; & les villes de Cachan, Com & de Sava, qui se trouvoient sur la route d'Aman-Ola, ayant envoyé des députés à sa rencontre pour se soumettre & se racheter du pillage , ce Général campa le vingt de Décembre à trois lieues de Casbin , sans avoir trouvé personne qui se fût opposé à sa marche.

Les habitans de Casbin firent bien connoître que Tahmas avoit eu raison de ne pas trop compter sur leur fidélité ; car aussi-tôt qu'ils sçurent que les Aghvans étoient arrivés sur leurs terres, ils furent au-devant d'eux, & les conduisirent dans leur ville au son des tambours & des autres inſtrumens de guerre. Aman-Ola s'y logea avec une grande partie de ſon armée dans le palais que les Rois de Perſe occu- poient autrefois, & le reſte des troupes fut diſtribué dans les maiſons bourgeoiſes qu'on leur aſſigna.

La joye que ces nouvelles répandirent à la Cour de Mahmoud fut moderée par celles que l'on reçut à peu près dans le même tems. Moula - Mouſſa chargé de conduire le tréſor à Candahar, étoit en- tré ſans obſtacles dans le Segeſtan ; mais Mirza-Iſmael (1) Gouverneur de Bembi, place forte de cette province, l'ayant atta- qué ſur la route, Mouſſa & ſon eſcorte avoient été obligés de prendre la fuite & d'abandonner le tréſor, L'on dit qu'il mon- toit à cent cinquante mille tomans, ce qui fut d'une grande reſſource pour Tah- mas à qui Iſmael l'envoya ; car ce Prin- ce qui de Zangan étoit paſſé à Tauris,

(1) *Mirza* eſt un ti- tre d'honneur que l'on donne aux gens de Loi revêtûs de grands em- plois. Il revient au ter- me de *Seigneur*. On ne le met après le nom propre qu'aux fils de Rois. *Voy. Liv. I. art. XII. note 2.*

s'y trouvoit alors fans argent, & dans une
équipage qui ne répondoit gueres au titre de Roi qu'il avoit pris.

VIII. Mahmoud n'étoit pas le feul ennemi redoutable qui fe fut élevé cette
année contre la Perfe. Pierre le Grand,
qui d'une nation fauvage & groffiere s'é-
toit fait des fujets dociles & civilifés,
continuoit à former des deffeins dignes de
lui. Convaincu que le commerce, unique fource des richeffes, eft la baze &
l'appui de la fplendeur d'un Etat, il méditoit dès-lors d'ouvrir une communication de la mer Cafpienne au pont Euxin,
& de ces mers à l'Ocean feptentrional,
en uniffant le Volga, le Tanaïs & la Dui-
ne par des canaux.

L'exécution d'un fi beau projet devoit
être d'autant plus avantageufe à la Ruffie,
qu'un canal qu'il avoit déja fait faire,
joignant le Volga à la Neva, & par conféquent à la mer Baltique, Peterfbourg fon-
dée en mil fept cent trois par ce Monarque devenoit du côté de l'Europe, comme Aftracan du côté de l'Afie, l'entre-

pôt des marchandifes les plus précieufes de ces deux parties du Monde.

L'on voit que le commerce de l'Afie ne pouvoit fe faire commodément que par la mer Cafpienne , & l'on ne connoiffoit encore ni les mouillages , ni même la figure de cette mer. Cette circonftance avoit depuis quelques années porté le Czar à en faire lever la carte ; & comme il craignoit que des vûes fi étendues ne caufaffent quelque ombrage , il les avoit voilées d'un prétexte auffi plaufible que fpecieux.

Ce prétexte étoit de découvrir l'embouchure de la Doria (1) , & de remonter cette riviere jufqu'à fa fource. L'on fçavoit qu'elle charrie des paillettes d'or ; il étoit aifé de faire croire que l'on n'avoit d'autre deffein que celui de trouver les mines d'où elle les entraîne. Alexandre Bekewits (2) , Prince de Circaffie char-

(1) L'Auteur des nouveaux Mémoires fur la Ruffie, qui ne l'appelle cependant point autrement , dit en note que les Lettres d'Aftracan donnent le nom de *Gorr* à cette riviere , & non celui de *Dauria* , qui eft le nom d'un lac.

(2) C'eft lui qui a donné le nom d'Ale-

gé de cette commiſſion, partit avec des
gens capables de l'exécuter.

Il revint l'année ſuivante, & il appor-
ta, non-ſeulement la carte & les obſervations que l'on ſouhaitoit, mais encore
de cet or & des manuſcrits antiques écrits
en caracteres inconnus (3), des idoles, &
d'autres curioſités qu'il avoit tiré d'un vaſ-
te bâtiment enterré ſous les ſables. Le ſuccès de ce voyage porta le Czar à lui ordonner d'en faire un ſecond, qui fut, comme
on le verra, l'une des cauſes, ou plutôt l'un
des prétextes, de la guerre que ce Prince
déclara à la Perſe.

IX. Le motif eſſentiel de cette entrepriſe étoit de conſtruire deux forts ſur
les rives de cette mer, pour protéger le
mouillage des galeres qui devoient faire
une partie du commerce projetté. Bekewitz partit vers le commencement de

xandre à une baye de la Mer Caſpienne, ce qui fait préſumer que la Doria eſt l'Agous de M. Deliſle. *Voyez ſa Carte du 15 Août 1723.*
(3) Pierre le Grand ayant envoyé un rouleau de ces manuſcrits à l'Académie des Belles Lettres à Paris, MM. Freret & Fourmond en ont donné l'explication.

B iiij

mil fept cens feize à la tête de trois mille hommes de troupes reglées, &, faute d'autres materiaux, il bâtit les forts avec des coquillages dont ces côtes font couvertes, fans y trouver d'oppofition de la part des habitans du pays. Il entra enfuite dans les déferts, & après avoir effuyé tout ce que la difette d'eau & de vivres peut faire fouffrir, il arriva aux lieux où il avoit été la premiere fois.

Jufques-là les Kibieck (1), c'eft ainfi que ces Tartares fe nomment, n'avoient fait aucun mouvement ; mais s'étant raffemblés au nombre de cinquante mille, tous armés, fuivant leurs ufages, d'arcs & de cimeterres, ils refuferent les préfens que Bekewitz leur offrit de la part du Czar, & lui firent connoître par-là tout le péril où il fe trouvoit engagé.

Cependant leur Chef feignant d'être touché de l'extrêmité où de fi belles troupes étoient réduites, lui promit de l'eau & des vivres, à condition qu'elles fe par-

(1) L'Auteur que je cite dit qu'ils ont pris ce nom de celui de leurs tentes.

tageroient en plufieurs corps pour s'en retourner dans leur pays. Soit néceſſité ,
ſoit faute de prudence , le Général Ruſſe
accepta ces offres , & ſe livra ainſi avec
toute ſon armée à la barbarie de ces peuples ; car ces differentes troupes , dont
la plus forte n'étoit que de cinq cens
hommes , furent enlevées ſans réſiſtance ;
tout , à l'exception de quelques jeunes volontaires , des joueurs d'inſtrumens & des
ſoldats prépoſés au ſervice de l'artillerie ,
fut égorgé. Le Général lui-même fut traî-
né devant la tente du Kan , & ayant refuſé de s'agenouiller ſur la piéce de drap
rouge , ſur laquelle leur coutume eſt d'e-
xécuter les criminels d'importance , on
lui coupa les jarrets , & il fut maſſacré
enſuite de la maniere la plus inhumaine.
A l'égard de ceux que l'on avoit épargnés ,
les volontaires & les muſiciens furent ven-
dus comme eſclaves , mais l'on garda les
canoniers avec l'artillerie , ce qui contribua beaucoup à la priſe de Maſched ,
dont , comme on l'a vû , les Afdalis &
leurs alliés , entre leſquels on doit comp-

B v

ter ces Tartares, s'emparerent peu d'années après.

X. La cruauté avec laquelle les Usbecs égorgerent en mil sept cent vingt & un une caravane qui revenoit de la Chine, rappellant la mémoire de cette triste cataftrophe, & des violences que l'on avoit exercées fur les marchands de la nation à la prife de Chamaki, engagerent le Czar à envoyer un Ambaffadeur en Perfe. Ce Miniftre étoit chargé de porter des plaintes à Chah-Huffein, s'il étoit encore fur le thrône, de ce qui s'étoit paffé dans le Chirvan ; où, s'il ne regnoit plus, de demander raifon à l'ufurpateur de la conduite des Lefghis, des Usbecs & de fes autres alliés.

Il y a apparence que le vrai motif de l'Ambaffade étoit de reconnoître la fituation où fe trouvoient alors les affaires de ce Royaume, dont on ne recevoit que des nouvelles fauffes ou incertaines. Quoiqu'il en foit, Mahmoud, à qui le Miniftre Ruffe crut devoir s'adreffer dans l'étrange confufion où étoient alors toutes choſes , répondit qu'il deſiroit vivre en bonne intelligence avec le Czar , dont il avoit oui parler comme d'un Prince auſſi prudent que belliqueux ; mais que les peuples dont on ſe plaignoit étant ſes amis & non ſes ſujets , il ne pouvoit ni leur faire la loi , ni répondre de leur conduite : qu'il conſeilloit donc à ſon maître de pourvoir déſormais par de fortes eſcortes à la ſûreté de ſes caravanes , s'il n'aimoit mieux faire alliance avec les nations ſur les terres deſquelles elles devoient paſſer.

Le Czar qui ne perdoit pas ſes idées de vûe , ſaiſit cette occaſion de s'emparer , non-ſeulement de la rive occidentale de la mer Caſpienne , mais même de toute la Géorgie , qui , par les intelligences ſécrettes qu'il s'étoit ménagées avec Vactan, devoit ſe ſoumettre à ſa domination. Il avoit fait entendre à la Porte Othomane que ſon unique but étoit de ſe vanger des Leſghis. Il ſe voyoit par-là , & par la paix perpetuelle qu'il avoit conclue depuis peu avec cette Puiſſance , en ſûreté de ce côté, comme il l'étoit de celui de la Suede par le traité de Niedftat. Rien ne pouvant donc plus fufpendre l'exécution de fes projets, il partit de Mofcou avec la Princeffe fon époufe le vingt - quatre Mai mil fept cens vingt-deux (1).

XI. Il trouva en arrivant à Aftracan l'armée deftinée à cette expédition. Elle étoit de trente mille hommes de ces vieilles troupes aguerries & difciplinées par les campagnes de Suéde, & de près de quatre-vingt mille Tartares, Cofaques & Calmoucs. La cavalerie eut ordre de prendre les devants, & le Czar & la Czarine s'étant embarqués avec l'infanterie, la flotte compofée de deux cens foixante-quatorze grandes barques, mit à la voile le vingt-neuf Juillet à fept heures du foir.

(1) L'on voit que M. Makaroff, l'Auteur du Journal du Czar, &, au moins pour cette expédition, le Baron Neftefuranoi, fuivent le nouveau ftyle, en confrontant quelques-unes de leurs dattes avec celles de la premiere Lettre du Czar. Je n'en citerai qu'un exemple. Selon cette Lettre, ce fut le 19 Août V. S. que l'on envoya des Députés au Sultan d'Undenich. Le Journal dit que ce fut le 30.

Elle fortit le lendemain du Volga, & mouilla le quatre d'Août à l'embouchure de la Terki, riviere qui donne fon nom à une place de guerre de la dépendance des Ruffes, fituée à une lieue de la mer fur les frontieres du Dagheftan.

L'on envoya de-là un Lieutenant à Tarcou, pour porter à Aldi-Gheraï, Chamcal, ou Prince des Lefghis (1), un manifefte imprimé en langue Turque qui tendoit à déguifer l'objet & les motifs de cette irruption. Le Czar y déclaroit, felon le ftyle ordinaire : ,, Que le defir ,, d'agrandir fes Etats n'étoit point ce qui ,, l'amenoit ; que fon unique but étoit de ,, délivrer le Roi de Perfe & fes fideles fu- ,, jets de la tyrannie des Aghvans & de pu- ,, nir ces révoltés des defordres & des bri- ,, gandages qu'ils avoient commis envers

____

(1) Suivant l'Auteur Ruffe & Le-Bruyn, le Dagheftan, dont Tarcou & Andréof, ou Andrés font les principales villes, eft fous la domination de 4 Princes différens. Le *Chamcal*, Chefcal, ou Samgal ; le *Crim-Samgal*, ou *Samgal de Crimée*, qui doit être celui-ci, Gheraï étant le nom de famille du Kan de cette prefqu'ifle ; le *Beghi* & le *Carabadagh-Begh*,

» les Ruſſes. Il finiſſoit par menacer d'un
» châtiment févere, ceux qui, perſiſtant
» dans leur rébellion, refuſeroient de
» paſſer du parti de Mahmoud ſous les
» étendarts de leur légitime Souverain. «
L'on envoya auſſi de ces manifeſtes à
Derbend, à Chamaki & à Bacou.

Sur ces entrefaites un Brigadier que
l'on avoit détaché avec un corps de ſix
mille chevaux pour s'emparer d'Andréof,
fut attaqué par cinq mille de ſes habitans ; mais il les reçut ſi vertement, qu'il
les repouſſa juſques dans leur ville qu'il
fit brûler, après l'avoir abandonnée au
pillage. Près de trois mille maiſons dont
Andréof étoit compoſée furent ce jour-
là conſumées par le feu, ce qu'il y avoit
de fortifications fut démoli, & le peu
d'habitans qui échapperent à la fureur du
ſoldat, furent faits priſonniers de guerre.
C'eſt ainſi que le Sultan Mahmed, qui
en étoit Prince, fut puni d'avoir oſé le
premier défendre ſa liberté & ſes droits.

XII. Le dix d'Août, jour que l'on reçut les nouvelles de cette action, la flotte

remit à la voile & fut jetter l'ancre près
de la pointe de la presqu'Isle qui forme le golfe d'Agragan. L'on y débar-
qua l'infanterie, & y ayant élevé quelques retranchemens pour couvrir les na-
vires, l'on s'avança sur les bords de la
riviere de Soulake, où le Chamcal Aldi-
Gheraï, les Regens, ou Seigneurs de
Gorski & d'Axai, & un Sultan nommé
Mahmoud (1), furent présentés au Czar.

Aldi - Gheraï le reçut le vingt - trois
dans Tarcou. Les troupes avoient déja
beaucoup souffert, tant par les fatigues
inséparables d'une si longue marche, que
par les chaleurs excessives & la disette
d'eau & de bons fourages ; mais les nouvelles que le Czar reçut en ce lieu effa-
cerent bientôt la mémoire des travaux
passés. Le *Naip*, ou Gouverneur, & les
principaux Officiers de Derbend, man-
doient à ce Prince qu'ils avoient appris
avec joie ses intentions par son manifeste ; qu'ils en ressentoient beaucoup de l'ar-

(1) Ce sont apparem-   dont on a parlé dans la
ment les trois Princes   note précédente.

rivée de fes troupes dans leur voifinage ;
& que loin de s'oppofer à fes juftes deffeins, ils regarderoient comme des traîtres ceux de leurs habitans qui oferoient
entreprendre de les traverfer. Sur cette
promeffe l'armée fe remit gayement en
marche le vingt - fept du même mois ;
& après avoir paffé les rivieres de Monas & de Boinac-Atzi (1), elle fut camper fur les bords de celle de Nitzi, dans
les terres du Sultan Mahmoud d'Undenich.

Ce Sultan n'avoit fait encore aucune
démarche, ce qui engagea le Czar à lui
écrire pour l'obliger à s'expliquer. Trois
Cofaques du Tanaïs ayant été chargés de
la lettre, leur guide, qui revint peu d'heures
après rapporta qu'ils avoient été très-mal
reçus & qu'ils s'étoient fauvés, ce qui obligea l'armée de fe tenir fur fes gardes.

(1) M. Delifle ne fe feroit-il point trompé en plaçant la Monas & la *Boina-Atza* au Nord de Tarcou? Quoiqu'il en foit, je fuis le Journal du Czar & le Baron Neftefuranoi, fuivant lefquels la Monas eft à 25 werftes de cette ville, du côté oppofé.

L'événement justifia une si sage précaution, car le même jour, trente du mois, sur les trois heures après midi, Mahmoud paroissant sur les montagnes à la tête d'un corps de dix mille hommes, attaqua les Cosaques & ensuite les Dragons. La victoire ne balança pas long-tems : Après un leger combat les Lesghis furent mis en déroute & poursuivis jusques dans leurs maisons. Un bourg d'environ trois cens feux où ce Sultan faisoit sa résidence, cinq villages & environ cinq cens maisons dispersées dans la campagne, furent pillés & brûlés par le vainqueur.

Quelque sévere que fut cette exécution, ce ne fut pas le seul châtiment qu'on leur imposa ; car les Russes ayant découvert dans l'un des villages les corps des trois Cosaques que l'on avoit hachés en piéces, les prisonniers, entre lesquels il y avoit des gens de consideration, furent mis à la torture, & sur ce qu'ils déclarerent que ce massacre avoit été commis par ordre du Sultan, vingt & un d'entr'eux furent condamnés par répresailles à périr dans les fuplices. Après l'exécution de cette fentence, l'on coupa le nez & les oreilles à un autre que l'on renvoya avec une lettre par laquelle on reprochoit à l'ennemi fa cruauté.

XIII. Le premier de Septembre l'armée fut camper fur les bords du Bouge - Bagam, qui fe perdant plus bas fous les fables, fe décharge dans la mer fans que l'on puiffe trouver fon embouchure. Le lendemain elle arriva près de la riviere de Darbach. L'on y reçut des lettres par lefquelles les habitans de Bacou témoignoient au Czar l'impatience où ils étoient de fe voir délivrés par fa protection des infultes des rebelles, contre lefquels ils fe défendoient depuis deux ans.

Le jour fuivant l'armée approchant de Derbend, le Gouverneur qui en fortit à la tête des principaux habitans, en préfenta les clefs au Czar ; & ce Prince ayant traverfé la ville au bruit d'une nombreufe artillerie & des acclamations des peuples, l'on fut camper à peu de diftance des murs du côté du midi.

Derbend, que les Turcs appellent *De-mir-Capi* (1) , eſt la premiere place que l'on trouve en entrant du Dagheſtan dans le Chirvan. Elle s'étend du pied du Mont-Caucaſe , ſur une des croupes duquel ſon château eſt bâti , juſqu'à trois cens pas de la mer , & deux murailles qui la joignent au rivage achevent de former ce détroit , autrefois ſi connu par les Romains ſous le nom de *Portes Caſpiennes.* Son port , & cette ſituation qui en fait le paſſage le plus fréquenté pour aller de la Ruſſie & des Etats voiſins dans les parties méridionales de l'Aſie , avoient toujours fait particuliérement ſouhaiter au Czar de s'en rendre le maître ; de maniere que les bouraſques auſquelles la mer Caſpienne eſt ſujette pendant l'arriere-ſaiſon l'empêchant de recevoir les ſecours néceſſaires , & d'ailleurs , comme on l'expliquera dans la ſuite , Vactan obſervé par les Turcs & peu aimé des ſiens , ne pouvant s'acquitter de la parole qu'il lui

---

(1) Derbend, en Perſan ſignifie *paſſage fer-*mé , ou *barriere* , & De-mir Capi , *porte de fer.*

avoit donnée de venir à sa rencontre, ce Monarque satisfait d'une si belle acquisi-tion, s'avança jusqu'au Milenkenti, ri-viere qui n'est éloignée que de trois ou quatre lieues de la ville, & se détermina à y borner les conquêtes de cette campa-gne.

XIV. Cette résolution prise, il confir-ma le Gouverneur dans son emploi, & laissa une garnison de deux mille Russes dans le château ; après quoi il reprit le chemin du golfe d'Agragan. Quand il fut arrivé sur les bords de la riviere de Sou-lake, y ayant trouvé une situation qu'il jugea plus avantageuse que la pointe de la presqu'isle, il y fit construire un fort sous le nom de sainte-Croix ; & dans l'i-dée d'imprimer à l'avenir aux Lesghis plus de respect pour ses troupes, il ordonna à mille Cosaques & quatre mille Cal-moucs d'aller saccager les pays des Sul-tans Mahmoud d'Ustemisch & d'Usmey, les seuls qui eussent harcelé l'armée pen-dant la marche.

L'Officier qui commandoit ce détachement exécuta fa commiffion à toute rigueur ; car ces Tartares joints aux Bougnakes étant entrés le vingt fix de Septembre fur les terres de ces Sultans, ils leur tuerent cinq cens hommes, en firent trois cens cinquante prifonniers, enleverent une grande partie de leurs beftiaux, & ne reprirent la route des retranchemens qu'après avoir réduit en cendres toutes les habitations de ces peules. Les beftiaux furent conduits au nouveau fort de fainte-Croix dont le Czar avoit deffein de faire une nouvelle ville, & le détachement ayant joint l'armée, ce Prince ordonna à fa cavalerie de s'en retourner par terre à Aftracan, où il arriva lui-même par mer le quinze Octobre, avec fon infanterie & la Czarine, qui n'avoit pas voulu le quitter pendant toute cette expédition.

XV. Tandis que les Ruffes s'emparoient ainfi des provinces Septentrionales de la Perfe, ce malheureux Empire voyoit vers l'Occident un nouvel orage prêt à fondre fur lui. La Porte informée par l'Am-

baſſadeur même de Chah-Huſſein de l'extrêmité où ce Monarque étoit réduit,
ſongeoit de ſon côté à tirer avantage de
ſes diſgraces. Tout ſembloit l'inviter à
cette entrepriſe. Le traité conclu à Paſſa-
rovitz le vingt & un Juillet mil ſept cens
dix - huit la raſſuroit contre ſes anciens
ennemis, & cet eſprit de trouble & de
diviſion, avant-coureur ordinaire de la
chûte des Etats, qui s'étoit répandu d'Iſpahan dans les provinces, n'annonçoit à
ſes armes que des conquêtes aiſées. Dans
ces diſpoſitions, le Miniſtre Perſan ayant
été congedié au mois d'Avril, le Grand-
Viſir tourna toute ſon attention ſur ce qui
pouvoit mettre l'Empire Othoman à même de profiter de ce que ces conjonctures offroient de favorable.

L'on avoit à peine commencé à prendre quelques arrangemens, que de nouvelles circonſtances donnerent lieu à de
nouvelles réſolutions. Devlet - Gheraï,
Kan de Crimée, écrivit au Grand - Seigneur que le Czar réclamoit les familles
Ruſſes qui avoient été enlevées depuis

dix-huit ans par les Tartares, & que ce Prince faifoit, contre la teneur des traités, conftruire des forts fur leurs frontieres, nommément fur les bords de la riviere de Coban. Dans le même tems les Pachas le plus à portée, allarmés des préparatifs extraordinaires que l'on faifoit à Aftracan, manderent qu'il n'y avoit point à douter que l'intention de ce Monarque ne fût de s'emparer des provinces fituées à l'Occident de la mer Cafpienne, & furtout de la Géorgie, dont la conformité de religion lui affuroit les peuples. Enfin, le même Devlet-Gheraï, trop voifin des Ruffes pour être de leurs amis, ayant confirmé ces conjectures par de nouvelles dépêches, la Porte connut, mais un peu tard, qu'elle étoit la dupe du motif apparent de vengeance dont le Czar avoit voilé fes ambitieux deffeins.

Cette découverte la jetta dans un grand embarras. La hardieffe de l'entreprife faifoit craindre que ce Prince n'eût conclu quelque traité fecret avec l'Empereur des Romains ; & l'échec reçu à Belgrade étoit

encore trop récent pour que l'on dût s'expo-
ser à renouveller la guerre en Europe.
L'on vouloit donc s'opposer aux conquêtes de la Ruffie , mais fans rompre avec
cette Puiffance , tant parce que l'on craignoit de s'attirer à la fois plus d'un ennemi fur les bras , que parce qu'on fe feroit mis par cette diverfion dans l'impoffibilité de reculer , aux dépens de la Perfe,
les frontieres de l'Empire.

Dans ces circonftances l'on refolut de
dépêcher vers le Czar pour effayer de le
détourner de fes projets ; & afin de donner plus de poids aux raifons qu'on auroit à lui expofer , l'on prit de juftes mefures pour mettre au plutôt de nombreu-
fes troupes fur pied.

Les Pachas de l'Empire eurent ordre
d'affembler les forces de leurs Gouvernemens ; l'on ne ceffoit à Conftantinople
d'envoyer par Trebizonde & par Alexandrette des foldats , de l'artillerie & des
munitions de guerre , & le Grand-Seigneur dépêcha aux trois Républiques de
Barbarie , pour les inviter à rappeller leurs
corfaires ,

corſaires, & à les tenir prêts à joindre ſon armée navale.

Ces préparatifs produiſirent à la fois deux effets differens. Vactan obſervé par les Turcs ne put tenir les conventions qu’il avoit faites avec le Czar ; & le Grand-Maître de l’ordre de Saint Jean de Jeruſalem, s’inquiétant de ces mouvemens extraordinaires, donna un décret par lequel il enjoignoit à tous les Chevaliers abſens de ſe diſpoſer à ſe rendre dans l’iſle, ſuivant les ordres qu’ils en recevroient inceſſamment.

XVI. Pendant que Malte & la Géorgie prenoient également ombrage des diſpoſitions que l’on faiſoit pour s’oppoſer aux conquêtes du Czar, ce Prince maître de Tarcou & de Derbend s’en retournoit dans ſes Etats, fort inquiet du parti que la Porte auroit pris. Il fut à peine arrivé à Aſtracan, qu’il envoya en diligence ordre à ſes Miniſtres de s’adreſſer à Mr De-Campredon Plenipotentiaire de France en ſa Cour, pour qu’il engageât l’Ambaſſadeur de la même Puiſſance à Conſ-

Tome II.   C

tantinople de calmer l'agitation que son entreprise pouvoit y avoir causée. Les Ministres Russes, qui, bien informés de ce qui se passoit à la Porte, craignoient avec raison que leur Résident n'eût été mis aux sept-tours, engagerent Monsieur De-Campredon d'adresser leurs dépêches à cet Ambassadeur qu'ils instruisirent par lettre des intentions de leur maître ; le priant, en considération de la bonne intelligence qui étoit entre les deux Couronnes, d'empêcher que les choses ne fussent poussées à l'extrêmité.

Cette affaire ne pouvoit tomber en meilleures mains. Le Marquis De-Bonnac, Ambassadeur de France à Constantinople, n'étoit pas du nombre de ces Ministres qui se reserrant scrupuleusement dans les bornes de leurs instructions, ne sont regardés par les Turcs que comme des premiers Consuls du Levant. Formé dès sa plus tendre jeunesse par le Comte De-Bonrepaus son oncle, les differentes négociations dont il avoit été lui-même chargé, tant en Espagne qu'en differentes Cours

1722.

du Nord , avoient perfectionné en lui un génie élevé & naturellement propre aux grandes affaires. Il avoit senti de bonne heure qu'il est de la gloire d'un homme en place de n'être jamais oisif , & plein de cette idée, il avoit acquis le talent de faire naître les occasions de se rendre utile. C'est ainsi que non content d'avoir obtenu la réparation de l'Eglise du Saint Sepulchre de Jerusalem, article vainement sollicité depuis soixante ans par tant de differentes Puissances Chrétiennes, il avoit tâché d'établir une trève perpétuelle entre l'Empire Othoman & la Religion de Malte ; projet qui , tout singulier qu'il paroîtra sans doute , fut agréé de ces Puissances , & n'échoua que par le crédit du Capitan - Pacha. C'est ainsi que quelques années auparavant ayant trouvé le Roi de Suéde trop occupé de ses propres desseins pour prendre les engagemens qu'il étoit chargé de lui proposer , il excita de son chef le Prince Ragotski, alors réfugié en Pologne, à prendre les armes contre l'Empereur , & lui ayant fourni,

C ij

avant que d'y être autorifé par le Roi fon Maître, les moyens d'entrer en Hongrie, il caufa ainfi de fon propre mouvement une guerre fi connue & fi conforme aux interêts de la France.

XVII. Un médiateur de ce caractere étoit tel qu'il le falloit dans ces conjonctures. Cependant la Porte qui ne vouloit que s'oppofer aux progrès des Ruffes, & non leur déclarer la guerre, s'étoit contentée de prendre les mefures dont on a parlé, fans attenter à la liberté du Réfident ; le Marquis De-Bonnac lui remit donc fans aucune difficulté les paquets qu'il avoit reçus pour lui ; après quoi il fit fçavoir à Ibrahim-Pacha, alors Grand-Vifir, que dans la pleine confiance où le Czar étoit de l'impartialité du Roi de France, ami commun des deux Empires, il fe rapporteroit volontiers au Miniftre que ce Prince tenoit à Conftantinople, des mefures qu'il y avoit à prendre pour éviter tout fujet de jaloufie entre les deux Cours.

Les differentes marques d'inquiétude

que la Porte avoit données jusqu'alors, témoignent assez combien cette proposition lui fut agréable. Elle avoit mandé plusieurs fois Monsieur Dierling Résident de l'Empereur pour sçavoir de lui si son Maître n'avoit pris aucun engagement avec la Cour de Petersbourg ; & le Kan de Crimée & les Pachas des frontieres chargés de veiller sur les démarches des Russes, avoient ordre d'éviter avec soin tout ce qui pouvoit causer une rupture ; enfin ayant d'ailleurs pourvû à sa sûreté, tant par des levées de troupes, qu'en faisant réparer les fortifications d'Azof, elle avoit, suivant ses premieres résolutions, dépêché le quatorze Octobre un Capigi-Bachi, avec titre d'Envoyé extraordinaire, & lui avoit enjoint de se rendre incessamment près du Czar, soit qu'il fût encore dans le Dagheftan, soit qu'il fût déja de retour dans ses Etats, & de tirer au plutôt de ce Prince une explication positive.

XVIII. Tels furent les divers mouvemens qui agiterent ces Puissances jusqu'à la fin de mil sept cens vingt-deux. L'on verra les succès dont ces négociations furent suivies, après que nous aurons rapporté ce qui se passa dans le centre de la Perse pendant le cours de l'année suivante.

Casbin n'eut pas long-tems lieu de se louer d'avoir changé de domination ; car à peine Aman-Ola se vit le maître de cette ville, qu'une avidité insatiable le poussa à la traiter avec toute la rigueur dont Mahmoud usoit ordinairement envers les places conquises. Ces extorsions, & la licence effrenée du soldat, qui sur un tel exemple, se croyoit tout permis, alienerent bientôt les esprits ; & ce joug odieux devenant de jour en jour plus insupportable aux peuples, les principaux d'entr'eux s'assemblerent secretement pour déliberer sur les moyens de se souftraire à cette tyrannie.

Il fut résolu qu'à l'heure indiquée une partie des habitans attaqueroit le Palais royal, tandis que les autres feroient mainbasse sur ceux des Aghvans qui étoient dispersés dans la ville, & pour que le signal de l'exécution ne pût donner d'allarme, on convint qu'il n'y en auroit pas d'autre que le premier coup du cornet dont on se sert en ce pays-là quelque-tems après le coucher du soleil, pour avertir les hommes que les bains sont prêts.

Le huit Janvier (1), jour auquel la conspiration devoit éclater, les conjurés ayant fait toutes leurs dispositions, n'attendoient plus que le moment prescrit à leur vengeance, lorsque divers indices les déterminerent à l'avancer. Ils s'apperçurent, un peu après midi, que les Aghvans abandonnoient quelques-uns de leurs postes, qu'ils en occupoient d'autres, & qu'ils se rassembloient en troupes avec un certain empressement mysterieux qui découvroit assez leurs inquiétudes. Ce mouvement extraordinaire leur donnant lieu de présumer que leur dessein étoit découvert, la crainte d'être prévenus leur fit prendre leur parti sur le champ. Ils coururent tumultuairement aux armes, & sans autre signal que celui de ce con-

(1) Cette datte est du Sieur Joseph.

C iiij

cours unanime, ils fondirent avec fureur sur leurs ennemis qu'ils attaquerent de toute part.

Aman - Ola averti par le bruit de la mousqueterie de ce qui se passoit, monta à cheval & se rendit en diligence sur la grande place où le péril commun avoit rassemblé la plûpart des Aghvans. L'esprit de haine & de vengeance qui animoit également l'un & l'autre parti fit d'abord balancer la victoire ; mais Aman-Ola, qui, quoique blessé à l'épaule droite d'un coup de fusil, ne cessoit d'encourager ses troupes par son exemple, les voyant prêtes à succomber sous le nombre, fut enfin obligé de se battre en retraite jusqu'à son Palais, où craignant d'être forcé, il se rendit à travers les jardins à une porte de derriere, par laquelle il se sauva.

Les uns tiennent que ce Général perdit seize cens hommes dans cette action (2); d'autres font monter ce nombre jusques

(2) Le Sieur Joseph, ce qu'il réduit même dans sa seconde relation à 1200 morts.

à celui de quatre mille (3). Quoiqu'il en foit, il eft conftant qne la déroute fut complette , & que dans la précipitation avec laquelle les Aghvans s'enfuirent , ils abandonnerent non-feulement tous leurs bagages, mais encore le tréfor. Dix mille Perfans qu'ils avoient fait efclaves, profitant de la circonftance , recouvrerent ce jour-là leur liberté.

XIX. Un courier qu'Aman-Ola avoit dépêché en toute diligence, n'eut pas plutôt apporté ces triftes nouvelles à Mahmoud, que ce Prince prit un parti aufli politique que fingulier. Il fit annoncer au fon des inftrumens de guerre que Tahmas-Mirza étoit prifonnier de fon Général ; & pour mieux le confirmer, il ordonna des illuminations & d'autres réjouiffances publiques, qui lui fervirent de prétexte pour doubler des gardes, & pour empêcher qu'on ne laiffât entrer aucun étranger dans la ville.

Ce trait de prudence ne pouvoit être employé plus à propos ; car le détache-

____
(3) Le P. Du-Cerceau & le P. Reynal.

ment d'Aman - Ola ayant confidérable-
ment affoibli l'armée , il y avoit à craindre que les peuples d'Ifpahan , mieux
informés de ce qui fe paffoit , n'entrepriffent de fuivre l'exemple de ceux de
Cafbin. L'on peut donc conclure , avec le
Pere Du-Cerceau , que ces derniers firent une lourde faute ; car , fi agiffant de
concert avec Tahmas , ils l'avoient mis à
même de couper par quelqu'embufcade
le chemin de la retraite aux fuyards , &
que ce Prince après avoir achevé de les
diffiper , fe fût préfenté en vainqueur devant la capitale , il y a toute apparence
que les habitans fe feroient déclarés en
fa faveur , & que par une nouvelle révolution , Mahmoud & le peu de troupes qui étoient reftées près de lui , fe feroient vûs à leur tour à la difcrétion de
leurs ennemis.

Le retour du détachement diffipa peu de
jours après une partie des inquietudes que
ces réfléxions infpiroient à Mahmoud. Ce
Prince le vit rentrer dans Ifpahan le vingt-
quatre du même mois ; mais ce n'étoient

plus ces soldats dont le nombre & la fierté sembloient ne préfager que de nouvelles conquêtes ; le froid exceſſif, incommodité d'autant plus grande qu'ils n'avoient plus de quoi s'en garantir , les bleſſures qu'ils avoient reçues , & la miſere , en avoient fait périr une partie sur la route , & les autres harraſſés & languiſſans étoient encore abbatus par la honte de leur défaite. Enfin , la défection d'Aſchraf qui , craignant que cet échec ne fût suivi d'une révolution générale , ou peut-être qui voulant se délivrer tout d'un coup du danger où la jalouſe inimitié de ce Prince l'expoſoit continuellement , avoit , à la ſortie de Caſbin , pris le chemin de Candahar à la tête de trois cens chevaux , achevoit de faire méconnoître cette armée à ceux qui l'avoient vû partir deux mois auparavant.

XX. Le lendemain à midi le Général arriva avec les traîneurs , & dès le ſoir même Mahmoud entama l'exécution d'un projet cruel qu'il minutoit depuis quelque-tems. La révolte de Caſbin avoit

ouvert les yeux à ce Prince, qui, effrayé
de fe voir avec une poignée de foldats au
milieu d'un peuple nombreux & ennemi,
s'étoit déterminé à en faire périr une partie pour s'affurer du refte ; & afin que cet
expédient barbare ne pût caufer le foulevement qu'il craignoit , il avoit réfolu de
commencer par ceux que le crédit , le
rang , ou la naiffance pouvoient faire juger propres à former ou à foutenir une
faction.

Dans cette idée il fit avertir le jour
même de l'arrivée d'Aman - Ola , les Miniftres , les Seigneurs & les autres principaux chefs Perfans de fe rendre au Palais, fous prétexte de leur communiquer
un accommodement qu'il vouloit , difoit-
il , faire propofer à Tahmas (1). Tous y
vinrent fans aucune défiance ; mais à peine ils y étoient affemblés , que les foldats de fa garde fe jettant fur eux le fabre à la main , les maffacrerent impitoya-
blement.

(1) Les PP. Reynal   qu'il les affembla fous
& Du-Cerceau difent   prétexte d'un feftin.

Ce funefte ftratagême couta la vie à près de trois cens perfonnes , entre lefquelles étoient le Grand Chancelier de l'Empire , le Gouverneur d'Ifpahan & fon cadet , tous deux freres de Méhemed-Couli-Kan Prince de Géorgie , Sefi - Couli , Kan du Cohkilan , le Grand-Maître de l'artillerie , & tout ce qu'il y avoit de plus confiderable à l'ancienne Cour , à l'exception toutefois de quelques Seigneurs , entre lefquels étoit l'Athemat-Doulet. L'on épargna ce dernier en confideration de ce que fon frere avoit , par des moyens qu'on nous laiffe ignorer , facilité l'évafion des Aghvans à l'affaire de Cafbin.

Les circonftances de la mort d'un enfant de douze ans redoublerent l'horreur de cette cruelle exécution. Il étoit fils de Mirza-Roftam Prince de Géorgie , & comme il avoit été adopté par un Aghvan , il s'étoit réfugié pendant le maffacre au milieu des Officiers de cette nation qu'il intereffoit pour lui par fes larmes ; mais , ni fa tendre jeuneffe , ni leurs follicitations ne purent le fauver ; on l'arracha de cet azile, & ce malheureux enfant s'étant jetté à un arbre qu'il tenoit étroitement embraffé, il y fut poignardé par les barbares qui le pourfuivoient.

XXI. Les corps de ceux qui périrent en cette occafion furent expofés fur le Meidan devant le Palais, & Mahmoud pour ne leur point laiffer de vangeurs fit enfuite maffacrer tous leurs fils. La maniere dont on fe défit en même-tems de deux cens jeunes gens de la premiere nobleffe de Perfe & de Géorgie, a quelque chofe encore de plus barbare. On les conduifit d'une académie où ils étoient élevés enfemble, en raze campagne; & les ayant mis en liberté de fuir, les Aghvans qui galopoient après eux, fe firent un divertiffement cruel de les tuer à la courfe, comme des bêtes fauvages. Une confpiration que l'on difoit que ces jeunes gens avoient faite contre la vie du Sultan, fut le voile dont ce Prince couvrit en cette occafion le deffein qu'il avoit formé de s'affurer le thrône par l'extinction totale de la nobleffe.

Mais sa barbare politique ne se borna point à un projet si cruel. Il avoit tiré des gardes & des autres troupes de Chah-Huffein, trois mille hommes ou environ qu'il avoit pris à sa solde. Il les rassembla dans une cour du Palais, sous prétexte de leur faire donner le *Pilau* ; & pendant qu'ils étoient occupés à manger, des soldats apostés se jettant tout à coup sur eux, les hacherent en piéces avant qu'ils eussent eu le loisir de se reconnoître.

Mahmoud s'étant ainsi défait des Grands & des troupes reglées, jugea que sans continuer à user d'artifice, il pouvoit en sûreté achever de faire périr un peuple encore nombreux, mais déformais sans chefs. En conséquence il donna ordre à ses troupes de faire main-basse généralement sur tous ceux qui avoient tiré quelque paye du trésor royal, soit à titre de gages, soit à titre de pension ; & comme le soldat, peu propre à un tel examen, devenoit l'arbitre de la sentence dont il étoit l'éxécuteur, les vraies intentiôns du Prince furent si bien suivies, que pendant les quinze jours que dura le maſſacre, il y eut en tout plus de huit mille hommes égorgés (1). L'abbatement de ces peuples étoit venu à un tel point, que l'on voyoit un miſerable eſclave conduire trois ou quatre Perſans à la mort, ſans qu'aucun d'eux entreprît de faire la moindre réſiſtance.

Il étoit impoſſible de rendre cette ſuite de cruautés excuſable ; mais pour la colorer au moins de quelque prétexte, Mahmoud feignit d'avoir été informé que les habitans d'Iſpahan étoient ſur le point d'imiter, par un ſoulevement général, l'exemple que ceux de Caſbin venoient de leur donner. L'on prétend même qu'il n'épargna quelques Seigneurs Perſans, que pour les faire ſoupçonner de lui avoir révelé cette prétendue conſpiration.

XXII. Le vingt-ſept du même mois, troiſiéme jour de cette horrible tragédie,

(1) Le Pere Reynal fait monter ce nombre à 25000. Le Pere Du-Cerceau dit qu'il périt plus de monde dans tout ce carnage, qu'il n'en étoit mort par le fer depuis l'arrivée des Aghvans à Gulnabat.

un Aga, nommé Ofman, que le Pacha de Bagdad avoit dépêché par ordre du Grand-Seigneur, arriva à Ifpahan. Un détachement de deux cens hommes qu'on lui affigna pour fa garde eut ordre de ne laiffer entrer perfonne dans le Palais où il étoit logé. On ignore quel étoit le fujet de fa miffion ; mais Mahmoud à qui il étoit déja fufpect, ayant dans l'audience qu'il lui donna, eu lieu de juger que ce n'étoit qu'un efpion, qui venoit, fous la fauvegarde du droit des gens, reconnoître l'état des affaires, ce Prince naturellement fier & impétueux auroit fans doute peu refpecté cette loi univerfelle, fi fes Miniftres n'avoient calmé les premiers mouvemens de fa colere. Il diffimula donc fon reffentiment & permit même que cet Aga accompagné de quelques Aghvans qui l'obfervoient, vit Chah-Huffein. Cette circonftance fait préfumer que c'étoit à ce Monarque que la Porte, qui, par les précautions que l'on avoit prifes, ne pouvoit être bien informée de ce qui fe paffoit à Ifpahan, l'avoit envoyé.

L'on tient pour constant, par le témoignage même de cet Aga, que Chah-Huffein nia dans cette entrevûe que Tahmas fût son fils. Quoiqu'il en soit, Osman fut congedié dix-huit jours après son arrivée, & il connut bientôt que sa présence n'avoit pas été agréable ; car on le fouilla deux fois, lui & ses équipages , aux portes de la ville ; & à une lieue de-là , quelques caisses que l'on n'avoit pas ouvertes ayant été visitées , l'on en tira deux jeunes Persanes que l'on poignarda sur le champ , ainsi que quelques esclaves de la même nation qui s'étoient travestis en Turcs , pour se sauver plus facilement à la faveur du cortége.

Mahmoud continuoit cependant à mettre tout en usage pour achever de dépeupler Ispahan. Tant de sang répandu ne pouvant encore le rassurer , il fit publier que quiconque voudroit sortir de la ville, seroit libre à l'avenir de se retirer où bon lui sembleroit , & comme il avoit choisi un certain nombre de jeunes Persans pour les former aux mœurs & à la discipline de sa nation, il se servit par les suites de ce prétexte, pour faire enlever & égorger en secret ceux qui étant en état de porter les armes, n'avoient pas suivi l'ordre tacite que cette permission renfermoit.

XXIII. Le peu d'habitans propres à la guerre qui restoient encore, ne pouvant plus donner d'ombrage à ce Prince, il tourna enfin ses vûes sur d'autres objets. Ce qui se passoit aux environs d'Ispahan méritoit l'attention la plus sérieuse. Les peuples de la campagne encouragés par la révolte de Casbin faisoient de toutes parts tête aux rebelles ; sur-tout ceux de Ben-Ispahan, qui continuant à signaler leur haine, en avoient tué plusieurs jusqu'entre les portes de la ville, d'où ils avoient même enlevé quelques piéces de canon.

Les suites qu'un tel exemple pouvoit entraîner, n'étoit pas la seule chose qui inquietât Mahmoud. L'on achevoit de consommer les vivres qu'il avoit fait entrer dans Ispahan ; & le soulevement du plat pays empêchant que l'on n'y en portât de nouveau, les Aghvans reſerrés dans leurs remparts ſe voyoient menacés d'y être bientôt affamés à leur tour.

Pour remédier à ces inconvéniens, Mahmoud donna ordre à Nazr-Ulla de ſe mettre en campagne avec un détachement de trois mille hommes. Ce Général fut repouſſé vigoureuſement de devant pluſieurs de ces bourgades ; mais en ayant forcé quelques-unes, & contraint quelques autres de ſe rendre, l'on vit enfin arriver des vivres. Comſchah, gros bourg ſitué vers le Nord-Eſt d'Iſpahan dont il eſt éloigné de quinze lieues, fut un de ceux qui, après quelque réſiſtance, furent obligés de céder aux Aghvans.

Cependant comme les ſecours que l'on tira de cette expédition, faite dans un pays déja ruiné par la guerre, ne pouvoient retarder long-tems la diſette, l'on donna mille hommes de plus à Nazr-Ulla, & il lui fut ordonné de faire une incurſion vers la partie Septentrionale de l'Irac-Agemi. Ce Général ſe remit en marche le quatriéme jour d'Avril ; & pour mieux surprendre l'ennemi, s'étant jetté dans les déserts qu'il trouva sur la gauche de sa route, il parut, lorsqu'on s'y attendoit le moins, aux environs d'Amadan.

Le Kan du pays étonné de le voir arriver tout à coup de si loin par des chemins presque impraticables, sortit à la tête de trois mille hommes, & marcha à sa rencontre : mais cettte milice peu agguerrie, ne tint pas contre l'impétuosité des Aghvans, qui, après l'avoir battue & mise en déroute, se présenterent jusqu'à trois fois pour forcer la ville.

Les rebelles, comme on l'a vû, n'avoient ni la patience, ni l'industrie nécessaires à la réussite d'un siége ; aussi un simple mur fut pour eux en cette occasion, comme il l'avoit été en bien d'autres, un rempart impénétrable ; car Nazr-Ulla rebuté par les pertes qu'il avoit faites inutilement en voulant emporter la place d'emblée, changea bientôt de dessein, & se borna à ravager la campagne.

XXIV. Dans l'état où étoient les choſes , l'exécution de cette entreprise n'a-voit rien de difficile ni de périlleux. La terreur qu'une irruption ſi bruſque , & la cruauté des Aghvans avoit répandue, étoit ſi grande , qu'en quelqu'endroit que ces peuples portaſſent leurs courſes ils trou-voient les bourgs & les villages abandon-nés. L'on remarque même avec ſurpriſe que dans tout le cours de cette expédi-tion , il n'y eut que l'Intendant des har-ras que les Rois de Perſe tenoient dans les campagnes du Couziſtan , qui eût , comme le Kan d'Amadan , le courage de s'oppo-ſer aux rebelles. Il fut plus heureux que ce Gouverneur ne l'avoit été, car les ayant attaqués à la tête de deux mille hommes prépoſés à la garde des chevaux , il leur enleva un nombre conſidérable des cha-meaux qu'ils avoient déja chargés de butin.

Cette petite armée eut donc le loiſir & la facilité de piller tant qu'elle le vou-lut; après quoi Nazr-Ulla , pour achever de remplir les intentions de ſon Maître, la mena vers Derghezin , bourg ſitué à

trois grandes journées d'Amadan du côté
de Casbin (1).

Derghezin & ses environs étoient alors
peuplés par une nation Mahométane de
même Secte que les Aghvans. Abas I.
dont la maxime étoit de faire passer d'un
pays à l'autre les habitans de ses conquêtes, tant pour n'avoir rien à craindre de
leur peu d'affection, que pour opposer
des déferts à l'ennemi, avoit transporté ces
peuples des campagnes de la Mesopota-
mie sur ces confins du pays d'Amadan,
où, suivant leurs premiers usages, ils ha-
bitoient la plus grande partie de l'année
sous des tentes. Cette conformité de mœurs
& de religion avoit fait naître l'idée de
les attirer à Ispahan ; Nazr-Ulla en parla
à leurs chefs, & il se conduisit si adroite-

1723.

(1) C'est ainsi que le
P. Du-Cerceau place ce
bourg sur sa Carte, ce
qui est conforme à cel-
le de M. Delisle, & à
ce qu'en dit le Sieur Jo-
seph : cependant il a-
vance dans son histoire
que ces peuples habi-
toient, depuis la trans-
migration ordonnée
par Abas I. entre Baby-
lone, apparemment Ba-
gdat & Amadan, c'est-
à-dire, du côté de cer-
te ville qui est opposé
à celui de Casbin.

ment dans cette affaire, qu'il les engagea à consentir à cette nouvelle transmigration.

Quelques-uns ont cru que c'étoient ces chefs mêmes, qui, préferant les maisons de la Capitale à leurs chaumieres & à leurs tentes, avoient fait ces propositions au Général, ce qui me paroît moins vraisemblable. Quoiqu'il en soit, l'on eut bientôt lieu de juger que ce changement ne se faisoit pas du consentement unanime de la nation, car un nombre considérable d'entr'eux, pressé par l'amour de la patrie, déserta sur la route & s'en retourna chez soi.

XXV. Pendant que Nazr-Ulla desoloit cette partie de la Perse, Mahmoud ne traitoit gueres plus humainement les étrangers établis à Ispahan. Les François n'eurent à la vérité pas lieu de s'en plaindre, puisque l'on n'exigea d'eux que trente Tomans (1) qui furent employés à la cuisine du grand Général Aman-Ola; mais il s'en fallut bien que la Com-

(1) 3750 livres.

pagnie

pagnie Angloise, beaucoup plus riche qu'eux, en fût quitte à si bon marché. L'on en tira, soit par des présens forcés, soit par une taxe, la valeur de douze mille cinq cens Tomans (2) qu'elle fournit, tant en especes, qu'en draps & en étoffes ; ce qui n'empêcha pas même que ses interprétes ne fussent battus publiquement.

La Compagnie Hollandoise fut encore plus maltraitée. Les Marchands de cette nation se prévalant des circonstances, avoient vendu pendant la famine jusqu'à deux tomans (3) *l'Ocque* (4), de mauvais sucre dont ils avoient trois grands magasins remplis ; & comme la cherté extraordinaire de toute espece de vivres n'avoit

(1) Un million 562 mille 500 livres. Le P. Du-Cerceau dit vingt mille tomans, qu'il évalue à un million 200 mille livres.

(3) 250 livres.

(4) *Oca*, nom de la livre Turque, dont le Sieur Joseph s'est servi parce qu'il écrivoit à Constantinople. L'Ocque est de 400 dragmes un peu plus legeres que les nôtres ; car, suivant l'expérience que j'en ai faite sur les lieux, il en faut 77 pour un marc.

Tome II.   D

pas laiſſé d'argent aux Seigneurs les plus riches , ces négocians avoient employé leurs fonds & le produit de cette vente à acheter à très-bas prix tout ce qu'il y avoit de plus précieux dans la ville , ſoit en étoffes & en pelleterie , ſoit en bijoux , en pierreries & en harnois de chevaux ; mais ils furent enfin punis de ce monopole , car Mahmoud ayant ordonné que l'on abbatît la baniere (5) qui étoit devant leur porte , il les fit garder ſéparément dans leur propre maiſon , & les obligea , par des rudes baſtonades , à découvrir où ils avoient caché tant de richeſſes.

Quoiqu'à force d'argent ils euſſent trouvé le ſecret d'en faire paſſer à differentes repriſes une partie à Bender-Abaſ-ſi , ce que l'on tira d'eux en cette occaſion monta à la valeur d'un million cent vingt mille ducats d'or (6) , ſomme exorbitante , & qui en découvrant la dureté & l'ava-

(5) Pavillon pareil à celui des vaiſſeaux, que les Conſuls des Nations *Franques* élevent chez eux.

(6) Douze millions 516 mille livres, en prenant le ducat pour un ſequin. Le Pere Du-Cerceau dit que cette taxe ne fut que de quarante mille tomans.

rice de ces Marchands, fait connoître l'excessive bonté de Chah-Hussein, qui avoit souffert que ses sujets payassent à si haut prix un foible secours, que l'intérêt public le mettoit en droit d'éxiger.

Les Indiens que des raisons de commerce avoient portés à s'établir dans la ville, furent taxés dans le même - tems à vingt - sept mille tomans (7), qu'ils payerent en deux fois ; après quoi Mahmoud se mit à tourmenter de nouveau les Arméniens de Julfa. L'on a vû qu'ils lui avoient fait une obligation payable à la fin du siége, & que neuf des principaux d'entr'eux étoient arrêtés comme garands de la sûreté de cet écrit, qui montoit encore à cinquante mille tomans. Soit mauvaise volonté, soit impuissance, ces peuples ne se mettant point en devoir de s'acquitter, Mahmoud, qui avoit déja maltraité ces otages, fit trancher la tête aux trois principaux, entre lesquels étoit leur Kelonter, ou Syndic ; & ayant tiré quelqu'argent de Julfa par la terreur que cette exé-

_____

(7) Trois millions 375 mille livres.

cution y répandit , il permit enfin aux six autres de retourner chez eux.

XXVI. L'on continuoit cependant à faire la guerre aux peuples des environs. Mahmoud , en l'absence de Nazr - Ulla , avoit chargé du soin de les réduire un nommé Zeberdeft-Kan qui ayant été pris vingt ans auparavant par les rebelles , étoit passé de l'esclavage au premier grade de l'armée. Cet Officier soutint parfaitement en cette occasion la réputation de bravoure qui avoit fait sa fortune ; car , sans s'amuser comme son prédécesseur à piller le plat pays, ou à saccager des bourgs sans défense , il fut vers le commencement du mois de Mai assiéger Ghiez , château devant lequel les Aghvans avoient échoué plus d'une fois.

Cette forteresse bâtie à trois lieues d'Ispahan sur une éminence qui domine la campagne , passoit dans le pays pour une place respectable ; cependant Zeberdeft-Kan la somma d'abord de se rendre , & sur le refus qu'en fit le Gouverneur , il envoya quelques Parsis pour en rompre les portes à coups de haches ; mais la vi-

gueur avec laquelle ces foldats & le détachement qui les foutenoit furent reçus,
lui faifant connoître qu'il falloit s'y prendre avec plus de précaution , il fongea à
mettre quelque autre moyen en ufage.

L'expédient auquel il s'arrêta fut de
faire pratiquer fous terre un chemin , qui
paffant fous les murs de cette place , pé-
nétrât jufques dans fon enceinte (1). Il
chargea de la conduite de l'ouvrage un
Parfi , dont le métier étoit de creufer des
puits ; & lorfque cette tranchée finguliere fut achevée , il y fit entrer des troupes qui en démafquerent l'ouverture , &
déboucherent en même - tems le fabre à
la main. Les affiégés étonnés de voir l'ennemi fortir de deffous leurs pieds furent égorgés fans réfiftance , & leurs femmes & leurs enfans firent , fuivant l'ufage , partie du butin que le vainqueur

(1) L'Auteur que je
cite dit jufqu'au mi-
lieu de la place, ce qui,
faute d'air, n'eft point
aifé. Une note du Sieur
Jofeph fur le P. Reynal
porte que les Parfis fi-
rent fauter le mur par
une mine , & ce Mif-
fionnaire avance que le
Gouverneur & la gar-
nifon furent gagnés à
force d'argent.

 acquit en cette occasion.

Quelques écrivains disent que Zeber-deft-Kan mit garnison dans cette forte-resse ; un autre assure qu'il la rasa ; contrariété d'opinions qui vient peut-être de ce qu'elle fut d'abord conservée, & peu de tems après démolie ; quoiqu'il en soit cette conquête eut des suites très-avantageuses aux Aghvans, car non-seulement elle les assura des villages voisins, mais encore elle contribua beaucoup à engager les peuples de Ben-Ispahan à reconnoître leur domination.

XXVII. Ce fut vers ce bourg que Zeberdeft-Kan tourna ses armes après la prise de Ghiez. On a vû que ses habitans soutenoient par des courses continuelles la réputation que les avantages remportés sur Mahmoud & sur Aman-Ola leur avoit acquise : ils maintenoient par cet exemple une partie des environs d'Ispahan dans le devoir, & rien n'avoit encore pû les engager à prêter l'oreille aux propositions de l'usurpateur. Les circonstances où ils se trouvoient alors commencerent à les ren-

dre plus dociles ; ils confideroient que le
Prince Tahmas, dont on entendoit à peine parler, n'étoit point en état de les fecourir ; que la prife de Ghiez mettoit
l'ennemi à portée de les refferrer plus commodément, & que dans l'impoffibilité de
fe foutenir toujours par eux-mêmes, c'é-
toit courir inutilement à des malheurs
inévitables, que de s'obftiner à faire tête
à une Puiffance fous laquelle la Capitale
même avoit plié. Ces réfléxions les portoient à acquiefcer aux follicitations de
Zeberdeft-Kan; la crainte du reffentiment
que Mahmoud devoit conferver, tant du
traitement qu'ils avoient fait à fon frere
& à quelques autres de fes parens, que
des autres pertes qu'ils lui avoient cau-
fées, étoit la feule confidération qui les
retînt ; & le Général ayant diffipé cette
frayeur, en offrant de faire figner la capitulation par les principaux Officiers de
l'armée qui fe rendroient garands de fon
exécution, ils fe foumirent enfin au joug
de l'ufurpateur.

Mahmoud juftifia peu de tems après les

inquiétudes que ces peuples avoient té-moignées ; car ne pouvant leur pardonner des pertes ſi ſenſibles , ni d'avoir ſugge-ré plus d'une fois aux habitans de la ca-pitale , de ſe délivrer , par un ſoulevement général , de l'oppreſſion où il les tenoit , ce Prince leur envoya ſous main differentes perſonnes , qui , feignant de déteſter le Gouvernement préſent , eſſayerent de les porter à reprendre les armes. Son but étoit de les engager par-là dans quelque démarche , qui , le diſpenſant d'obſerver la capitulation , ſervît de prétexte à ſa vengeance ; mais ces peuples auſſi fidéles obſervateurs de leur ſerment envers lui , qu'ils l'avoient été à l'égard de leur Sou-verain légitime , lui renvoyerent toujours ces émiſſaires déguiſés chargés de fers , afin qu'il s'en fît juſtice lui-même ; & par cette marque de fidélité , ils ſe reconcilié-rent enfin avec ce Prince qui ceſſa de leur tendre des piéges.

XXVIII. Le retour de Nazr-Ulla, qui, après trois mois d'excurſions , parut vers ce tems-là aux portes d'Iſpahan , ne fit pas moins de plaisir à Mahmoud que la réduction de ces deux places. Cinquante mille chameaux chargés de vivres & de butin, que ce Général amenoit avec lui, dissipoient la crainte où l'on étoit de voir incessamment la ville désolée par une seconde famine ; & près de cent mille ames que composoit, en quatre mille familles, la nation qu'il avoit engagée à le suivre, formoient un nouveau peuple d'autant plus agréable aux Aghvans, qu'il ne pouvoit leur être suspect.

Vers la fin de Juin l'on vit paroître une seconde colonie : c'étoit une caravane de trente mille chameaux, qui, après trois mois de marche, arrivoit de Candahar. L'on devoit ce secours à la prudence du Sultan. Dès le commencement de son regne, mais vraisemblablement après la défaite de Moula - Moussa par Mirza Ismael, il avoit envoyé Méhemed-Nischan son *Echic - Agassi*, ou Grand-Maître des cérémonies, avec un nouveau trésor dans ce pays pour y faire des levées; & comme ce Prince s'étoit apperçu que

D v

ſes ſoldats déſertoient par troupes, que quelquefois même des compagnies en- tieres s'en retournoient malgré lui enſei- gnes déployées, par le ſeul deſir de re- voir leurs femmes & leurs enfans, il avoit donné huit mille chameaux à cet Officier, pour qu'il amenât les familles, tant des Aghvans qui étoient dans ſon armée, que de ceux qu'il enrolleroit pour y ſer- vir ; ce qui, joint au bruit que ſon ave- nement au thrône faiſoit dans cette pro- vince, avoit rendu cette caravane beau- coup plus conſidérable qu'on ne l'eſperoit.

Mahmoud diſtribua aux nouveaux ve- nus, Aghvans & Derghezins, une par- tie des terres & des maiſons abandonnées ; & voyant que ces colonies, toutes nom- breuſes qu'elles étoient, ne ſuffiſoient point à beaucoup près pour repeupler la ville, il forma un nouveau tréſor d'une partie des fonds qu'il avoit tirés des der- nieres taxes, & le remit entre les mains de Méhemed - Niſchan, avec ordre de l'employer à lui amener encore de Can- dahar quinze mille hommes de guerre avec leurs familles.

qu'elle avoit à souffrir (4). *Défaite de Feridoun-Kan. Il se soumet aux Turcs. Motif qui devoit le rendre suspect* (5). *Surprise de Macou* (6). *Perte des Persans* (7). *Suite du siege* (8). *Prise de la place* (9).

(4) P. Reynal.　(5) Joseph , II. *Rel.* (6) Joseph , I. *Rel.* (7) Joseph , II. *Rel.*　(8) Revol. (9) *Ibid.* Joseph , II. *Rel.* P. Jerôme. P. Reynal.

V. *Prise de Honsar* (1). *Siege de Cachan* (2). *Fermeté de Lutf-Ali-Kan ; son évasion; suites de cet événement* (3).

(1) Joseph , *Not.* (2) Joseph , I. *Rel.* (3) Révol. I. *361.*

VI. *L'Envoyé Turc est arrêté en entrant en Russie. Prétexte & raisons de ce procedé* (1). *Son entrée & son audience à Moscou* (2). *Précis de la lettre du G. S. Le Czar differe d'y répondre , & pourquoi* (3).

(1) M. de Bonnac.　(2) Nouv. publ.　(3) M. de Bonnac.

VII. *Les Lesghis se mettent sous la protection de la Porte* (1). *Menaces contre les Georgiens* (2). *Dignités conférées à Hagi-Daoud. Manifeste du G. S.* (3).

(1) M. de Bonnac. Nestesuranoi , IV. 640. (2) Nouv. publ. (3) Manif. du G. S. Nestesur.

te (3). Le Vali de Géorgie se soumet aux Turcs. Il est arrêté & se sauve. Baccar, son successeur, se sauve de même (4).

(3) Nestesuranoi.   (4) Joseph, I. Rel.

XII. *Siege de Gandja & ses suites (1). Jalousie & préparatifs du Czar & du Grand Seigneur (2). Tahmas leur envoye des Ambassadeurs. Celui qui alloit à Constantinople est arrêté (3). Il députe, & obtient la permission de s'y rendre. Il échoue dans sa négociation, & pourquoi (4).*

(1) Joseph, I. Rel. (2) Nouv. publ. (3) Ibid. Joseph, I. Rel. (4) Nouv. publ.

XIII. *Ismael-Begh arrive à Petersbourg. Détail de l'audience. Les Russes s'emparent de Bacou. Détail de cette expédition (1). Datte du traité conclu entre le Czar & Tahmas (2). Précis de cet acte (3).*

(1) Nestesuranoi, IV. 669.   (2) Nouv. publ. (3) Nestesuranoi.

XIV. *Prétentions d'Aman-Ola. Insinuations de sa femme. Il part & prend l'aigrette royale. Mahmoud le joint, le ramene & le fait garder à vûe (1).*

(1) Revol. II, 269.

XV. *Mahmoud se fait prêter serment par les troupes de ce chef* (1). *Cachan se rend* (2). *Cruauté & mauvaise foi des Aghvans* (3). *Succès de Nazr-Ulla* (4). *Il est tué* (5). *Ses funérailles, son portrait, vénération pour son tombeau* (6). *Zeberdest-Kan lui succede* (7). *Retour de Mahmoud* (8).

(1) Revol. II. 278. (2) *Ibid.* 268. Joseph, I. *Rel.* P. Jerôme. P. Reynal. (3) Joseph, I. *Rel.* (4) Revol. II. 244. (5) *Ibid.* Joseph, II. *Rel.* P. Reynal. (6) Revol. (7) P. Reynal.

XVI. *Trait de désespoir d'une Géorgienne* (1). *Le Farsistan reprend les armes. Arrivée de Zeberdest-Kan devant Chiras. Prudence du Gouverneur. Faute & action de vigueur de son Lieutenant* (2). *Sa mort* (3). *Fidélité de quelques-uns de ses gens* (4).

(1) Revol. II. 285. P. Reynal. M. Bechon, I. & II. (2) Revol. II. 246. (3) *Ibid.* Joseph, II. *Rel.* P. Reynal. (4) Revol.

XVII. *Disette au camp* (1). *Famine à Chiras* (2). *Ses suites. La ville capitule & est surprise* (3) *& pillée* (4). *Châtiment*

(1) Revol. II. 254. (2) *Ibid.* Pere Reynal. (3) Revol. (4) *Ibid.* P. Reynal.

équitable ; circonstances du siége (5). *Ce qu'on exige des vaincus. Détachement de l'armée* (6). *Il pille Lar* (7), *& échoue devant son château* (8). *Il va à Bender-Abassi* (9). *Expédition des Boulouchs* (10). *Parti que prennent les habitans* (1 1). *Pertes & peu de succès des rebelles* (12).

(5) Revolut. (6) Joseph, II. *Rel.* (7) *Ibid.* P. Jerôme. P. Reynal. (8) Joseph, II. *Rel.* & *Not.* Pere Jerôme. (9) *Ibid.* Revol. (10) Nouvelles publiques. (11) Joseph, *Not.* Revolut. (12) Revol.

XVIII. *Mahmoud apprend la prise de Chiras & part pour le Cohkilan* (1). *Situation de ce pays* (2). *Forces de ce Prince* (3). *Ses pertes* (4). *Secours qu'on lui donne* (5). *Les Arabes lui manquent de parole* (6). *Son retour à Ispahan* (7). *Imprudence de Tahmas* (8). *Soulevement d'un canton Arménien* (9). *Quelles ex furent les suites* (10).

(1) Pere Reynal. (2) M. Bechon, I. (3) Pere Reynal. (4) *Ibid.* Pere Jerôme. Revolut. II. 278. (5) Revolut. (6) Joseph, *Not.* (7) Revolut. (8) *Ibid.* 262. (9) *Ibid.* Joseph, I. *Rel.* (10) Revolut.

Amadan (3). Difgrace de Flagella-
Kan , & fes fuites. Succès du fiege (4).
Perte de deux des armées Turques pen-
dant la campagne. Difpofition des quar-
tiers d'hyver (5).

(3) Revol, Jofeph, I. & II. *Rel.* (4) Revol.
(5) Jofeph, I. *Rel.*

HISTOIRE
DES
REVOLUTIONS
DE PERSE.

LIVRE SIXIE'ME.

E Prince Tahmas , qui étoit toujours à Tauris , songeoit cependant aux moyens de monter sur le thrône de ses ancêtres ; mais incapable de gouverner par lui - même , & d'ailleurs mal conseillé , il faisoit presque autant de fautes que de démarches. Cette mauvaise conduite étoit une suite nécessaire de la maniere dont il avoit été élevé ; car , suivant l'usage établi par Abas le Grand , on ne l'avoit tiré du Sé-

1723,

rail que le jour même qu'il avoit été nommé succeffeur à l'Empire ; & , comme
par une politique dangereufe, la principale attention des Eunuques chargés de
l'éducation des fils du Souverain , étoit de
leur dérober la connoiffance de ce qui a
quelque rapport à l'art de regner , il étoit
forti fi neuf d'entre leurs mains , qu'il fe
voyoit obligé de fe rapporter en tout aux
lumieres & à la fidélité des gens qui l'en-
vironnoient. C'eft ainfi que pour avoir
trop cru fon premier Miniftre , qui lui
confeilloit de licentier fes troupes , il s'é-
toit , comme on l'a dit , mis dans la néceffité d'abandonner Cafbin fur les premiers bruits de la marche d'Aman - Ola.

La maniere dure & gênante dont les
Princes de fon rang étoient élevés dans
ce lieu , caufoit à fon égard un nouvel
inconvénient dont les conféquences étoient
encore plus à craindre. A peine fut - il
libre , que fes paffions fe déployerent avec
d'autant plus d'impétuofité qu'elles avoient
toujours été contraintes ; & ne fe croyant
déformais comptable de fa conduite qu'à

lui-même, il se livroit tout entier à son penchant, soit qu'il l'entrainât vers les plaisirs dont l'usage lui étoit presque inconnu, soit qu'il le portât à des mouvemens d'orgueil & de colere que la raison ni l'expérience ne l'avoient point instruit à réprimer.

II. Cette vivacité imprudente l'engagea dans une fausse demarche qui fut bientôt suivie d'une nouvelle guérre. Peu de tems après s'être déclaré Roi, il fit signifier à Vactan, Vali de Géorgie, qu'il eût à se rendre incessamment à Tauris pour le reconnoître en cette qualité ; & comme il ne s'étoit pas mis en peine de dissimuler le ressentiment qu'il conservoit de la dureté avec laquelle ce Prince avoit refusé de marcher au secours de la capitale, cette espece de sommation étoit conçue dans les termes les plus propres à révolter cet esprit naturellement fier & peu porté à l'obéissance.

Le Vali indigné de ce ton impérieux, méprisa ses ordres, & prévoyant ce qu'il avoit à craindre à cette occasion de l'éloignement que les Grands du pays lui té-moignoient, il écrivit vers la fin de Février à Constantinople. C'étoit pour offrir à la Porte de lui payer annuellement quatre-vingt bourses (1) par forme de tribut, à condition qu'elle le soutiendroit dans ses Etats, & qu'elle confirmeroit les priviléges que les Rois de Perse avoient accordés aux Princes ses prédécesseurs, & à la nation en général.

Vactan dans le cours d'une année offrit ainsi à deux Puissances differentes de leur livrer sa Province , mais il n'eut pas le tems d'exécuter ce dernier projet ; car Tahmas le déposa, & nomma à sa place, au mois de Mars de la même année, Méhemed-Couli-Kan, Prince de Caket, issu, comme Vactan, des anciens Rois de Géorgie. Le nouveau Vali se présenta peu de tems après devant Tiflis pour prendre possession de cette capitale, & ne se trouvant point en état d'y forcer Vactan, qui, contre l'avis des Grands de la nation, avoit fait prendre les armes au peuple,

(1) 120 mille livres.

il se vit réduit à aller chercher de nouveaux secours dans sa principauté.

Dès-qu'il y fut arrivé, il rassembla à la
hâte ce qui s'y trouvoit de gens de guerre, & joignant à ces forces sept mille
hommes que les Lesghis lui fournirent
conformément au traité d'alliance qu'il
conclut avec eux, il en forma une armée
considérable, à la tête de laquelle il re-
parut sous les murs de Tiflis le huit Mai
de la même année.

Mais Vactan qui s'y attendoit, avoit
déja pris son parti. Ce Prince qui n'ignoroit pas que les habitans commençoient
à le traiter publiquement de rebelle,
& par conséquent qu'il ne devoit plus
compter sur leur affection, étoit sorti secrettement de la ville la nuit précédente,
emmenant avec lui sa famille & les richesses immenses qu'il avoit accumulées dans
le cours d'un long regne. Ce fut alors que
ce fier Géorgien commença à porter la peine des maux que sa désobéissance avoit
causés, car après avoir erré long-tems en
fugitif, il se vit enfin obligé de se reti-

rer au mois d'Août mil sept cens vingt-cinq à Petersbourg, où des raisons d'Etat & les liaisons qu'il avoit eues avec le Czar lui assuroient un azile.

Le nouveau Vali ne se trouvant plus de concurrent, entra dès le jour même dans Tiflis; mais quoique les Grands & le reste des habitans revenus de leur premiere erreur, l'eussent reçu avec joye, il leur imposa une taxe de cinquante mille tomans (2), dont vingt mille lui furent comptés peu de jours après par la ville, qui s'obligea de lui payer le reste dans trois mois.

III. Cependant outre les recrues arrivées du Candahar, l'armée Aghvane étoit grossie, tant d'un corps de six mille Derghezins que Nazr-Ulla avoit formé avant son retour, que d'un assez grand nombre d'avanturiers Turcs que Mahmoud avoit pris à sa solde. Ce Prince se voyoit donc en état de tenter de nouvelles entreprises, mais la crainte des troubles que son absence pouvoit causer dans la capitale ne

(2) 6 millions 250 mille livres.

lui

1723.

lui permettant pas de s’en éloigner beaucoup , il résolut de confier l’éxécution d’une partie des conquêtes qu’il méditoit à l’expérience de Nazr-Ulla. L’armée fut ainsi divisée de nouveau en deux corps , & ce Général ayant sous lui le plus nombreux , fut par les ordres du Sultan, se jetter dans la province de Fars.

Mahmoud de son côté ne fut pas longtems oisif ; car ne laissant dans Ispahan que ce qu’il falloit de soldats pour s’en assurer, il conduisit , peu de tems après le départ de Nazr-Ulla , le reste des troupes qu’il s’étoit réservées contre Gulpei-kan (1) , ville située à l’Ouest de Cachan , dans une plaine que le défaut d’eau rend stérile.

Les habitans de cette place , fortement attachés au parti de Tahmas , s’étoient pourvûs pour plusieurs mois de munitions

(1) Le P. Du-Cerceau & le Sieur Joseph font entreprendre ce siege à l’occasion , l’un de la retraite , & l’autre de la défaite de Fe-ridoun-Kan , mais je suis en cela le P. Reynal qui parle de cet évenement d’une façon plus détaillée.

de guerre & de bouche, & n'avoient
d'ailleurs rien oublié de ce qui pouvoit
les mettre en état de soutenir un long siége. Mahmoud informé de ces circonstances, parut se repentir de s'être engagé si
avant avec si peu de monde ; cependant
comme il y alloit de la réputation de ses
armes de soutenir cette imprudente démarche, il fit tirer quelques volées de
canon contre les murs, & ordonna à ses
troupes de marcher en même-tems à l'assaut par trois endroits differens. Les Persans se deffendirent d'abord avec beaucoup de fermeté, mais ne pouvant tenir
contre la valeur avec laquelle les Aghvans se porterent en cette occasion, ils furent enfin repoussés d'une partie des retranchemens dont ils s'étoient couverts,
ce qui contribua beaucoup à faire cesser
des sorties, qui avoient déja coûté bien
des soldats à l'assiégeant.

IV. Les choses étoient en cet état lorsque Mahmoud se vit tout - à - coup un
nouvel ennemi en tête. Le bonheur avec
lequel Tahmas avoit réduit Tiflis, éle-

1723.

vant le courage de ce Prince, il avoit nommé Feridoun, Kan des Awchars (1) pour commander ſes troupes, & ayant enjoint aux Valis de Loriſtan & d'Arabie & au Kan de Cohkilan de ſe rendre avec toutes les forces de leurs gouvernemens ſous les étendarts de ce Général, il lui avoit ordonné d'aller à Iſpahan même attaquer l'uſurpateur.

Le mouvement des armées Othomanes qui s'étant, comme on le verra par les ſuites, emparé depuis peu de la Géorgie, menaçoient de toute part ces frontieres, empêcherent Feridoun-Kan de tirer aucun ſecours de ces provinces. Cependant, comme il avoit ſous ſes ordres huit mille hommes de bonnes troupes que Tahmas avoit raſſemblés à Tauris, il pouvoit, s'il l'eût voulu, beaucoup entreprendre ; mais préferant un pillage aiſé à ſon devoir, il ſaccagea le canton de Perié,

(1) Curdes dépendans de la Perſe. M. Deliſle appelle *Ouroumi* le pays qu'ils habitent. Le bourg d'Awchar eſt, ſelon lui, à peu de diſtance de la rive méridionale du lac de Van.

fous prétexte que les Armeniens qui l'habitent favorifoient le parti contraire ; puis joignant l'impofture à ce qu'une telle manœuvre avoit de blâmable, il envoya au Prince les têtes de ceux qui avoient été maffacrés en cette occafion pour des têtes d'Aghvans morts dans les combats ; fourberie qui fut d'autant plus aifément découverte, que l'on reconnut à la tonfure celles de quelques Prêtres Arméniens.

Après une action fi odieufe, ce Général fe détermina à attaquer l'ennemi. Il fçavoit que Mahmoud n'étoit forti d'Ifpahan qu'avec dix mille hommes, & il préfumoit avec quelque raifon que cette armée, qu'un froid très - piquant & des pluyes continuelles fatiguoient depuis quelque-tems, ne feroit point en état de réfifter à la fois à la valeur de fes troupes & aux efforts des habitans de Gulpeican. Dans cette flateufe idée, il ofa en venir aux mains avec les Aghvans ; mais n'ayant ni le courage ni l'experience néceffaires au fuccès d'une telle entreprife, il foutint à peine le premier choc (2), & pour comble de lâcheté s'étant retiré dans fon pays , il y appella les Turcs qui lui en laifferent le Gouvernement.

C'eft ainfi que Tahmas fut puni de la faute qu'il avoit faite de confier fes troupes à un homme qui n'avoit nul talent pour la guerre , & dont la fidélité devoit lui être fufpecte , puifque ce Prince n'ignoroit pas que les Awchars font Curdes , & par conféquent de même Secte que les Turcs leurs voifins. Cette trahifon fut fuivie de près de la perte de Macou. Les nouveaux rebelles y étant entrés la même année par furprife , ils égorgerent le petit nombre de foldats qui y étoient en garnifon , & s'emparerent ainfi de cette forterefle, qui paffe en ces pays-là pour une place imprenable.

(2) Le Pere Du-Cerceau dit que s'étant retiré *vers la ville* , il abandonna fon armée & fe fauva , dès qu'il vit arriver les Aghvans. Le P. Reynal, qu'il quitta Tahmas & fe joignit à eux ; & le P. Jerôme, qui ne parle point de lui , que l'armée Perfane fe laiffa corrompre par les libéralités de Mahmoud. Une note du Sieur Jofeph fur le Pere Reynal confirme la relation que je prens pour guide.

Le combat de Gulpeican couta la vie à deux mille Perſans, & mit les aſſiégés hors d'état de faire une plus longue réſiſtance ; car dans la terreur que cet événement leur cauſoit, ayant voulu ſe jetter dans un fort qui joignoit la ville, Mahmoud en tailla la plus grande partie en piéces, & les autres n'eurent pas plutôt vû un éléphant bardé que l'on faiſoit avancer contre leurs murs à deſſein d'y faire brêche, qu'ils mirent les armes bas & ſe ſoumirent au vainqueur.

V. Le Sultan ayant ainſi en peu d'heures battu une armée, forcé une ville & obligé une fortereſſe à ſe rendre, s'en retourna à Iſpahan (1). Zeberdeſt-Kan chargé en ſon abſence de la conduite de ſes troupes, ſe rendit maître peu après de

(1) Le Sieur Joſeph fait précéder le retour de Mahmoud par la priſe de Chiras, où il croit qu'il commandoit en perſonne ; & le P. Reynal fixe ce retour à la fin de Mars de l'année ſuivante après la priſe de Cachan : mais, comme on le verra, Mahmoud n'étoit point à ces ſieges, & il devoit être à Iſpahan en Décembre 1723, puiſqu'il y ramena Aman-Ola. *Voyez ci-après art. XV. not. 2.*

Honſar , gros bourg ſitué à cinq journées au Nord-Oueſt de la capitale ; après
quoi vers la fin de Décembre il marcha
contre Cachan , qui , au préjudice de la
fidélité jurée lors de la marche d'Aman-
Ola vers Caſbin , avoit repris les armes
en faveur du Prince Tahmas.

L'on juge que ce fut vers ce tems-là que
les habitans de Ben-Iſpahan acheverent
de calmer la haine que leur nouveau maître leur portoit. Lutf-Ali-Kan, fameux par
ſa diſgrace & par celle de l'Athemat-
Doulet ſon beau - frere , mais plus fameux encore par la défaite des rebelles
devant Kerman, n'avoit point été com-
pris dans les maſſacres dont on a parlé.
Mahmoud voulant s'attacher un homme
dont la valeur & la capacité lui étoient
ſi connues, l'avoit épargné en cette occaſion ; & quoique ce fidéle ſujet eut toujours éludé de prendre aucun engagement
contraire aux interêts de ſon légitime
Souverain, le Sultan qui ne déſeſpéroit
pas de le gagner , continuoit à l'accabler
de graces & de bienfaits. Lutf-Ali-Kan

estimé & respecté à la Cour pouvoit donc y vivre heureux & tranquille ; mais non content de ne rien entreprendre contre Tahmas, il se fit bientôt un crime de lui être inutile. Dans cette idée ayant épié un moment favorable, il s'échappa d'Ispahan pour le joindre à Tauris.

Son évasion plongea les Aghvans dans les plus vives allarmes. Ils ne pouvoient oublier que ce Général après sa victoire avoit été sur le point de les aller accabler dans leur propre pays, & ils craignoient avec raison qu'instruit de leur foiblesse, il ne vînt à la tête des troupes que sa réputation rassembleroit de toutes parts, les chercher jusques dans Ispahan. Mahmoud saisi de la même crainte fit faire les perquisitions les plus exactes dans la ville, & promit de grandes récompenses à ceux qui le déceleroient, déclarant en même-tems qu'il mettroit tout à feu & à sang si l'on découvroit que quelqu'un eût entrepris de le cacher.

L'on n'avoit point encore fini ces inutiles recherches, lorsque l'on vit paroître le malheureux Lutf-Ali-Kan. Il étoit mené par les gens de Ben-Ispahan qui l'ayant reconnu & arrêté dans leur bourg, le conduisoient à l'usurpateur. Ce Prince ne l'eut pas plutôt apperçu, que l'idée du trouble où son évasion l'avoit jetté, étouffant tout souvenir de ce qu'il se devoit à lui-même, il courut sur lui comme un furieux, & le hâcha en piéces à coups de sabre. Action vraiment barbare, & qui ne découvre pas moins combien ce Général lui étoit redoutable, que les priviléges & les autres graces dont il récompensa le zele & l'affection des habitans de Ben-Ispahan.

VI. Voilà ce qui se passa de plus considérable en mil sept cens vingt-trois dans l'intérieur de la Perse. On a vû que la Porte Othomane cédant à ses inquiétudes, avoit au mois d'Octobre de l'année précédente dépêché un Capigi-Bachi au Czar. Nisli-Méhemed-Aga, c'est ainsi que se nommoit cet Envoyé, étoit arrivé peu de tems après en Crimée ; là ayant été informé par le Kan même des circonſtances de l'expédition de ce Monarque, il avoit pris le chemin d'Aſtracan, où il comptoit le trouver.

Il s'avançoit vers cette ville lorſque les avis qu'il reçut que ce Prince en étoit parti pour Moſcou, l'obligerent de changer de route. On avoit fortement recommandé à Niſli-Méhemed de faire toute la diligence poſſible, mais les peines qu'il prit à ce ſujet furent aſſez inutiles ; car dèſqu'il fut arrivé ſur les terres de Ruſſie, le Commandant de la frontiere l'arrêta, ſous prétexte qu'il ne pouvoit le laiſſer paſſer outre ſans en avoir reçu des ordres exprès.

Cette difficulté, qui étant ſelon les regles ordinaires, ne paroiſſoit naître que de l'exactitude de l'Officier, ſubſiſta juſqu'à ce que l'on eût réponſe aux lettres que le Czar avoit fait écrire au Marquis de Bonnac & à Monſieur Nepluief, Réſident de Ruſſie ; après quoi ce Monarque étant pleinement informé des diſpoſitions de la Porte, il chargea un de ſes Officiers d'aller prendre l'Envoyé ſur la frontiere & de le conduire à ſa Cour.

Nisli-Méhemed se voyant ainsi en liberté de continuer sa route, arriva enfin à Moscou, où il fit son entrée publique le six de Février. Le treize suivant il fut conduit à l'Audience du Czar avec des honneurs proportionnés à son caractere, & quand il eut remis ses lettres de créance au Prince, il le pria de nommer des Commissaires avec lesquels il pût traiter des affaires dont il étoit chargé.

La lettre du Grand - Seigneur au Czar étoit conçue en termes assez forts, quoique mesurés. L'Empereur Othoman lui mandoit qu'il avoit poussé son ressentiment assez loin contre les Lesghis, & lui faisoit entendre que ces peuples étant Sunnis, & par-là sous sa protection, il ne souffriroit pas impunément que sous prétexte de vangeance on cherchât à les assujettir à la domination des Chrétiens. C'étoit déclarer assez nettement qu'il falloit, pour maintenir la paix, abandonner Tarcou & Derbend, & faire démolir le fort de sainte-Croix. Nisli - Méhemed qui s'en étoit expliqué au Baron Schafiroff, Vice-Chancelier de Ruſſie, ne ceſſoit de ſolliciter une prompte expédition ; mais le Czar informé par les nouvelles qu'il recevoit de Conſtantinople, que les Turcs ne deſiroient pas moins que lui d'éviter une rupture, differoit de jour en jour une réponſe qu'il n'avoit pas deſſein de faire ſi-tôt.

VII. Tandis que Niſli-Méhemed cherchoit à pénétrer le motif de cette lenteur affectée, Hagi-Daoud, Bey de Chamaki, allarmé de voir Derbend au pouvoir d'un Prince qui diſoit n'avoir pris les armes que pour le châtier de ſes attentats, avoit dépêché à Conſtantinople pour offrir à la Porte de ſe mettre ſous ſa protection. Cette propoſition qui aſſuroit un port ſur la mer Caſpienne, & qui d'ailleurs faciliToit les vûes que l'on avoit ſur la Géorgie, ayant été reçue avec joye, le Grand-Seigneur fit répondre à l'Envoyé qu'il acquieſçoit aux deſirs de ſon maître, & que pour achever de ſatisfaire aux devoirs que lui impoſoit la qualité d'Iman (1), il

(1) L'Iman eſt chef & deffenſeur de la Loi,

le délivreroit inceffamment de la domination des Chrétiens, & le vangeroit des
Géorgiens qui avoient favorifé leur entrée
dans fon pays. Après quoi il nomma Hagi-Daoud, Kan de la principauté de Derbend, c'eft-à-dire du Chirvan que ce Bey
difoit lui appartenir, & il lui envoya en
cette qualité les bannieres & les queues
de cheval dont on honore en Turquie les
Pachas du premier rang.

Cet événement confirma la Porte dans
la réfolution d'engager le Czar à abandonner fes conquêtes, & pour y porter plus
aifément ce Prince par la crainte d'une
rupture, elle fit publier un Manifefte, dans
lequel le Grand-Seigneur expofoit, que
la principauté de Derbend qui avoit fait
autrefois partie de fon Empire, s'y trouvant réunie par la foumiffion volontaire
de Hagi-Daoud, & que la protection qu'il
devoit aux Mufulmans en général l'obli-
geant d'ailleurs à fecourir les Lefghis contre les entreprifes des Chrétiens, la paix
conclue avec la Ruffie ne pouvoit fubfif-

& Souverain des peuples qui la profeffent.

ter, à moins que cette Puissance ne commençât par retirer ses troupes du Daghestan, & nommément de Derbend qu'il pouvoit d'autant moins abandonner que l'on y voyoit encore une Mosquée qu'un Grand - Visir de la Porte y avoit fait construire autrefois.

Cette derniere raison étoit d'autant plus plausible que la Loi défend aux Mahométans d'abandonner, ni par capitulation, ni par aucuns traités, les villes où l'on a élevé de ces Temples ; ce que le Czar ne pouvoit ignorer. A peine ce manifeste fut envoyé en Russie & distribué aux Ministres étrangers qui se trouvoient à Constantinople, que l'on reçut les lettres par lesquelles Vactan offroit, sous les conditions que l'on a rapportées, de reconnoître la domination du Grand-Seigneur.

VIII. La Porte pour se mettre en état de profiter de ces differentes propositions, donna ordre aux Pachas des provinces d'Asie de se joindre avec toutes les troupes de leurs Gouvernemens à celles du Pacha d'Erzerom, qu'elle nomma *Seraskier*, ou

Général de l'armée qui devoit entrer en Géorgie ; & afin de se rassurer en même-tems contre les entreprises des Russes, elle augmenta les garnisons, & remplit les magasins des places voisines de leur frontiere.

Il semble par l'attention que le Sénat de Venise eut alors d'ajouter aux fortifications de Corfou & de Cattaro, que ces divers mouvemens lui causerent quelque ombrage ; quoiqu'il en soit, il est constant que la Porte uniquement occupée de ses vûes sur la Perse, étoit bien éloignée de se chercher des ennemis en Europe. Elle le fit assez connoître, en refusant les offres que le Kan de Crimée lui faisoit de barrer aux Russes l'entrée de la mer Caspienne, par le siége d'Astracan.

Le Czar qui étoit à ce sujet dans les mêmes dispositions que la Porte, faisoit comme elle de grands préparatifs de guerre. L'on travailla par ses ordres à mettre Derbend en état de deffense & à rendre les troupes complettes ; après quoi il assembla une armée sur les frontieres du

 Dagheſtan , ſous prétexte que les Leſghis
& les Uſbecs menaçoient le Royaume
d'Aſtracan d'une irruption.

Ce Prince continuoit cependant à amuſer l'Envoyé Turc. Il profitoit de cette lenteur pour faire inſinuer aux Miniſtres de
la Porte que le véritable intérêt des deux
Cours étoit de convenir enſemble des conquêtes qu'elles entreprendroient en Perſe ;
que par-là elle éviteroit les obſtacles qu'elles pouvoient ſe ſuſciter réciproquement;
& qu'agiſſant ainſi de concert , il leur
feroit aiſé de rétablir de la maniere la
plus avantageuſe pour elles le gouvernement de cette Monarchie. Enfin , joignant
la menace à l'inſinuation, il expédia Niſli-
Méhemed , avec une réponſe par laquelle
il déclaroit en termes aſſez fiers que ſon
intention n'étoit pas de donner atteinte à
la paix perpétuelle qu'il avoit conclue avec
la Porte , mais que ſi cette Puiſſance en-
treprenoit de s'oppoſer à ſes deſſeins, il
ſe diſpoſeroit de ſon côté à traverſer les
vûes qu'elle pouvoit avoir ſur les pays ſi-
tués entre les deux mers. Après quoi ayant

donné ordre qu'on tranfportât à Aftracan
l'artillerie & les munitions de guerre & de
bouche néceffaires pour fe mettre en campagne, il prit au commencement de Mars
la route de Peterfbourg.

Il eft évident que les propofitions du
Czar étoient également avantageufes à
l'un & à l'autre Empire. La Porte en étoit
convaincue, mais elle les trouvoit en même - tems d'une très - difficile exécution.
Ces Puiffances avoient déja en quelque
maniere déclaré la guerre à la Perfe, l'une
en s'emparant du Dagheftan, l'autre en
faifant entrer une armée en Géorgie ; &
il ne paroiffoit point aifé de perfuader à
un Prince de confier fes intérêts à des voifins qui débutoient ainfi par envahir une
partie de fes Etats.

IX. La Porte y trouva bientôt des ob-
ftacles plus grands encore. Dès que Mahmoud s'étoit vû maître d'Ifpahan, il avoit
enjoint fous peine de la vie, aux habitans
de cette ville de rompre tout commerce de
lettres, & par les differentes précautions
qu'il avoit prifes à ce fujet, l'on avoit

toujours ignoré le succès du siége ; mais lorsque par le retour d'Osman-Aga, l'on sçut à Constantinople que ce Prince avoit obligé Chah-Huffein à lui remettre sa capitale & le thrône, ce grand événement y donna lieu à de nouvelles délibérations.

Quoique Mahmoud semblât, par ces circonstances, né avec les qualités & la fortune d'un de ces conquérans qui ont si souvent ravagé l'Asie, les Ministres Turcs ne craignoient pas tant sa puissance, qu'ils étoient embarrassés de le sçavoir Sunni comme eux. Ils jugeoient que leurs troupes ne porteroient qu'à regret les armes contre un Prince que la destruction de l'Empire Persan leur feroit regarder comme un héros de la religion ; & cette difficulté augmentoit encore, en ce qu'il s'agissoit de s'allier avec une puissance Chrétienne, tant pour partager differentes provinces d'une Monarchie cedée par l'abdication de Chah-Huffein à ce fameux rebelle, que pour le chasser du thrône & y faire monter à son préjudice un Prince de la Secte d'Ali. Cependant il

1723.

étoit de la prudence d'arrêter au moins les progrès d'un homme dont les ambitieuses entreprises sembloient déja menacer l'Empire; & l'on ne le pouvoit, avec sureté pour la frontiere, qu'en acceptant les propositions du Czar.

La Porte balançoit ainsi entre la crainte que le bonheur de Mahmoud commençoit à lui inspirer, & l'espoir de profiter de l'état où il avoit réduit la Perse, lorsqu'un Aga qu'elle avoit dépêché en Russie six jours après le départ de Nisli-Méhemed, vint lui annoncer le retour de cet Envoyé, qui, par le même motif qui avoit prolongé sa négociation, ayant été conduit à petites journées jusqu'à la frontiere, n'arriva à Constantinople que le vingt-quatre du mois de Mai.

Nisli-Méhemed assura de nouveau que l'intention du Czar étoit de ne donner aucune atteinte à la bonne intelligence qui regnoit entre les deux Cours, & il ajouta que ce Prince envoyoit un plein pouvoir à son Résident, afin que toutes choses étant à l'avenir reglées de concert avec la

Porte, elle ne pût prendre aucun ombrage des mouvemens qu'il feroit par les fuites ; fur quoi le Grand - Vifir Ibrahim invita l'Ambaffadeur de France, dont le Czar demandoit la médiation, de venir conferer avec lui au fujet des propofitions de ce Monarque.

X. Cette invitation auroit embaraffé tout autre que le Marquis de Bonnac. On a vû qu'il entroit dans tout ce qui avoit quelque rapport à ces affaires ; il en avoit informé le Duc d'Orléans, alors Régent du Royaume, & dans l'idée de rendre la France médiatrice de ces differends, il lui avoit demandé depuis long-tems les pouvoirs néceffaires ; mais le Cardinal Dubois, premier Miniftre, dont il n'étoit pas aimé, avoit toujours détourné l'expédition des réponfes, de maniere que faute d'être autorifé, cet Ambaffadeur fembloit exclus du miniftere que l'on exigeoit de lui.

Dans ces circonftances il répondit au Grand-Vifir, que n'ayant pas reçu d'ordre à ce fujet du Roi fon Maître, il ne

pouvoit prendre formellement la qualité
de médiateur ; mais, que l'une & l'autre
Cour étant amie de la France, il pouvoit
en vertu de son caractere en faire les fonctions. Qu'il ne falloit pour cela que l'au-
toriser par une réquisition par écrit ,
formalité que le Czar avoit déja observée
& qui étoit d'une nécessité indispensable ,
puisqu'il s'agissoit désormais de changer
des Offices particuliers en une fonction
publique.

C'est ainsi que le Marquis De-Bonnac
leva l'obstacle que lui suscitoit la mauvaise volonté du Cardinal. Le Grand-Visir
qui avoit beaucoup de confiance en cet
Ambassadeur, ne balança point à lui accorder ce qu'il demandoit ; & comme on
étoit dans le Ramazan (1) , tems peu propre à entamer une telle affaire, il remit
l'ouverture des conférences au lendemain
des fêtes du Beïram (2) , qui tomboit

(1) Neuviéme mois de l'année Arabique , pendant lequel les Ma-hométans s'abstiennent de manger , de boire & de fumer, depuis le le-ver de l'aurore jusqu'à la nuit.

(2) Cette fête qui termine le jeûne du Ra-

cette année dans l'un des premiers jours du mois de Juillet.

La crainte d'empêcher le succès de cette négociation détourna le Czar de continuer la guerre en personne. Ce Monarque qui vouloit éviter de donner de nouveaux sujets d'ombrage à la Porte, avoit pris le parti d'agir avec moins d'éclat, & content d'avoir frayé le chemin de la Perse à ses Généraux, il s'étoit déterminé à leur céder la gloire des conquêtes de cette campagne. Cependant comme ce Prince ne pouvoit rester oisif, il fit équiper à Cronstot & à Revel une armée navale dans le dessein d'appuyer par cette menace tacite les demandes qu'il faisoit au Roi de Danemarc, tant du titre d'Empereur qu'il avoit pris en mil sept cens vingt & un, qu'au sujet de la restitution des Etats de Holstein & d'un droit de péage que l'on exigeoit des bâtimens Russes au passage du Sunde.

mazan, commence le premier jour de la lune suivante. D'Herbelot l'appelle le petit Beïram, & donne le nom de grand Beïram au jour du sacrifice de la Mecque, qui se fait le 10 du dernier mois de l'hégire.

XI. Pendant que ce Monarque ne paroissoit occupé que de ces nouvelles idées, l'on reçut avis que le Ghilan s'étoit soumis vers le commencement de Mars à son obéissance, & qu'un corps de troupes qu'il avoit fait passer en cette province, travailloit à s'y maintenir, en construisant des forts aux environs de Rescht capitale du pays.

Le Marquis De-Bonnac eut besoin de toute son adresse pour calmer les inquiétudes que ces nouvelles causerent à la Porte. Cependant Ibrahim, Pacha d'Erzerom, se voyant, par la jonction des Beyler-Beys de Diarbekir, de Trebizonde, de Sevast, d'Acalziké, de Carz, de Carra-Hissar & de plusieurs autres, à la tête d'une armée de quarante mille hommes, députa vers Méhemed-Couli-Kan, Vali de Géorgie, pour le sommer de reconnoître la domination Othomane, & en conséquence de remettre entre ses mains la ville & le château de Tiflis.

Ce Vali ne manquoit ni de fermeté ni d'expérience ; mais il avoit peu de trou-

pes fur pied, & la haine qu'il s'étoit at-
tirée par la taxe qu'il avoit impofée au
commencement de fon regne ne lui permettoit pas d'efperer de grands fecours des
habitans (1). Dans ces circonftances il
accorda tout, fous condition que le Seraskier le confirmeroit dans fa Principauté. Le député Turc le lui promit avec fer-
ment, & s'en retourna, dès la nuit même,
rendre compte de fa négociation au Général.

Suivant ces conventions l'armée Othomane s'étant avancée le douze de Juin
jufques fous Tiflis, Méhemed-Couli-Kan
en fortit avec un nombreux cortége, &
remit les clefs de la ville & du château
à Ibrahim. Ce Général reçut le Vali avec
de grandes démonftrations de bienveillance & lui donna par honneur une vefte
de martres zibelines (2) , mais dès qu'il
eut pris poffeffion de la fortereffe il le fit

(1) D'ailleurs les Géorgiens étoient, fuivant le P. Du-Cerceau, en guerre contre les
Lefghis.

(2) Aparemment de la part du G. S. On a
vû par une note duLiv. III. que ce préfent eft
une grande marque de diftinction.

arrêter ,

arrêter, confirmant ainsi un proverbe de son pays qui porte que *se fier à l'Othoman c'est s'appuyer sur l'onde.*

Le Kan déposé trouva moyen peu de jours après de s'échapper de sa prison, & se retira dans sa Principauté de Caket. Cependant la Porte avoit nommé Baccar, fils aîné de Vactan, pour son successeur; mais ce Prince qui ne pouvoit supporter cette nouvelle domination, étant sorti quelques mois après de Tiflis sous prétexte d'une partie de chasse, abandonna, par une retraite volontaire, une ville où l'on ne lui laissoit qu'un vain titre de Souverain.

XII. Le Seraskier encouragé par la réduction de Tiflis, songeoit cependant à former de nouvelles entreprises. Il fixa enfin ses vûes sur Gandja, capitale du Carabagh & se mit en marche l'Automne suivante pour en former le siége. Les commencemens de cette nouvelle expédition lui furent très-favorables : il s'empara d'abord sans résistance du fauxbourg des Arméniens, mais les habitans de la ville reprirent courage, & vinrent l'attaquer jufques dans fon camp. Cette action de vigueur eut tout le fuccès qu'ils pouvoient en attendre : les Turcs, preffés de toutes parts, abandonnerent l'artillerie & les bagages & prirent ouvertement la fuite. Ils perdirent trois mille hommes en cette occafion, & leur Général abattu par cette difgrace, fe retira avec ce qu'il put rallier des débris de fon armée, dans fon Gouvernement d'Erzerom.

La réduction de la Géorgie avoit en quelque maniere vangé les Turcs des inquiétudes que la conquête du Ghilan leur avoit infpirées. Les Cours de Peterfbourg & de Conftantinople fembloient ainfi triompher fucceffivement l'une de l'autre aux dépens de la Perfe ; & leur jaloufie croiffant par ces fuccès, elles prenoient les mefures qu'elles jugeoient les plus convenables, pour leur propre fûreté. Le Czar faifoit défiler de nouvelles troupes vers le Chirvan, & le Grand-Seigneur ne négligeoit rien de ce qui pouvoit mettre Azof & les autres places de cette frontiere hors d'insulte.

Il y avoit déja quelque-tems que le Prince Tahmas étonné de se voir à la fois tant d'affaires sur les bras, s'étoit déterminé à tenter le secours de la négociation. Dans cette idée, après avoir confirmé les lettres de créance d'un Ambassadeur que le Roi son pere avoit nommé pour Petersbourg, il en avoit nommé un autre pour Constantinople. Ils se mirent tous deux en marche à peu près dans le même tems. Celui qui étoit destiné pour la Porte Othomane ayant été arrêté à Carz, dépêcha secrettement deux personnes de sa suite pour notifier le sujet de son Ambassade.

Ces Députés arriverent à Constantinople au mois de Juin pendant le Ramazan, & s'y tinrent cachés jusqu'au jour du Beiram qu'ils prirent le moment que le Grand-Seigneur sortoit de la Mosquée pour lui présenter leur mémoire. Ils furent ensuite introduits chez le Grand-Visir & chez le Mufti, à qui ils remirent les dépêches dont ils étoient chargés. L'on ignore ce qui se paſſa dans le conſeil qui ſe tint à ce ſujet; mais l'on y réſolut apparemment de recevoir l'Ambaſſadeur, puiſque ce Miniſtre parut à cette Cour au mois d'Octobre ſuivant.

Il n'eut pas lieu d'être content du ſuccès de ſa négociation. Il venoit pour demander quelque ſecours contre les rebelles; & le Grand-Viſir informé que l'on avoit envoyé une Ambaſſade en Ruſſie pour le même ſujet, loin de lui donner aucune eſperance, lui reprocha aigrement cette démarche envers une Puiſſance Chrétienne. Un Envoyé de Mir - Mahmoud que l'on avoit reçu quelques mois auparavant à Conſtantinople, le deſir de flatter l'affection que les peuples témoignoient pour le parti des Aghvans, & les nouveaux projets de conquête que la réduction de la Géorgie donnoit lieu de former, eurent ſans doute beaucoup de part à cette conduite.

XIII. Iſmael-Begh que le Prince Tahmas avoit nommé ſon Ambaſſadeur plénipotentiaire en Ruſſie trouvant les conjonctures plus favorables, fut plus heureux. Il étoit arrivé à Peterfbourg le deux de Septembre, le Czar dont le génie actif ne pouvoit fouffrir de long délai, fixa le jour de l'audience au cinq du même mois. Cette cérémonie fe fit au Sénat ; l'Ambaffadeur ayant, ainfi que les gens de fa fuite, quitté fon fabre & fes pabouches à la porte de la falle, entra, en tenant à la main la lettre de fon Maître qu'il préfenta au Czar après avoir fait fa harangue.

Ce Prince la remit à fon Chancelier qui la pofa fur une table, en difant à Ifmael-Begh de s'avancer plus près du thrône, ce que cet Ambaffadeur ayant fait à genoux, il baifa le bord de l'habit & enfuite la main du Czar qui la lui préfenta, en lui demandant des nouvelles de la fanté du Roi. Le Miniftre Perfan qui croyoit Chah-Huffein mort, ne répondit à cette queftion que par des larmes; fur quoi le Chancelier lui ayant dit que les Miniftres de fa Majefté lui remettroient inceffamment la réponfe de la lettre qu'il avoit apportée , l'Ambaſſadeur ſe retira marchant en arriere juſqu'à l'entrée de la ſalle , où les Officiers & les domeſtiques de ſa ſuite étoient reſtés (1).

Quelques jours après, dans un tems où la Cour ne paroiſſoit occupée que des plaiſirs d'une fête publique, où ce Miniſtre étoit invité , l'on reçut l'agréable nouvelle de la reddition de Bacou. La néceſſité de communiquer par terre avec le Ghilan ayant affermi le Czar dans le deſſein de s'emparer de cette côte , le Major Général Maruskin qui s'étoit embarqué avec trois mille hommes à Aſtracan , avoit jetté l'ancre le vingt-huit Juillet devant cette place , & avoit écrit à l'Officier qui y commandoit que : » Quoique les habitans » après avoir demandé l'année précéden- » te la protection de l'Empereur ſon Maî- » tre , euſſent témoigné depuis de l'éloi- » gnement à l'accepter , Sa Majeſté , en » conſidération de l'amitié qui étoit en-

(1) J'ai beaucoup retranché du détail de cette audience, mais le cérémonial m'en a paru ſi ſingulier , que j'ai cru devoir en conſerver les principales circonſtances.

» tre elle & le Roi de Perſe , & par com-
» paſſion pour eux - mêmes , avoit bien
» voulu l'envoyer non - ſeulement avec
» des troupes & des munitions de guer-
» re , mais encore avec des vivres ; qu'ainſi
» ils ne devoient plus ſonger qu'à ſe ren-
» dre dignes de cette faveur par une
» prompte ſoumiſſion , s'ils vouloient être
» regardés comme fidéles ſujets & de vé-
» ritables citoyens.

Iſmael-Begh en paſſant à Aſtracan y
avoit laiſſé une lettre, par laquelle il exhortoit ces peuples à prendre ce parti ; mais
quoique cette lettre fût jointe à celle dont
on vient de parler , le Commandant répondit verbalement à l'Officier qui les
lui avoit remiſes , qu'il ne pouvoit admet-
tre de troupes étrangeres dans la place
ſans un ordre exprès du Roi ſon Maître ;
après quoi il envoya des Députés au Major
Général pour lui faire la même déclaration ; & ayant perſiſté dans ces refus ,
Monſieur Matuskin commença à canoner
la ville & donna ordre à deux galiottes
qu'il avoit amenées à ce deſſein d'y jetter
des bombes.   F iiij

Il y avoit alors dans Bacou dix mille hommes bien armés, & le Commandant paroiſſoit vouloir ſoutenir ſa réſolution; cependant le ſept d'Août ayant été ſommé de ſe rendre, il commença à compoſer, ne demandant que quatre jours pour s'y réſoudre. Quelque court que fût ce terme, on le lui refuſa; ſur quoi ayant fait dire la nuit ſuivante qu'il étoit prêt à capituler, il envoya le lendemain à la pointe du jour ſept des principaux habitans pour déclarer au Général qu'il étoit le maître d'entrer dans la place, rejettant même ſur le conſeil de quelques mal-intentionnés le refus qu'il avoit fait d'en ouvrir les portes.

Cette nouvelle conquête ne fit naître aucune difficulté dans la négociation dont Iſmael-Begh étoit chargé. Ce Miniſtre qui connoiſſoit trop bien le triſte état des affaires de ſon Maître, pour ignorer qu'il n'obtiendroit du ſecours qu'à des conditions bien plus dures, ferma les yeux ſur des hoſtilités qu'il avoit en quelque maniere autoriſées par ſa lettre, & il follicita si vivement les Ministres du Czar, qu'il signa avec eux le vingt-trois Septembre un traité d'alliance aux conditions suivantes.

1°. Que le Czar pacifieroit les troubles de Perse, qu'il en rétabliroit le Gouvernement & poursuivroit les rebelles jusqu'à ce qu'ils fussent totalement détruits.

2°. Que Tahmas, comme legitime Souverain de ce Royaume, céderoit à perpétuité à ce Monarque & à ses Successeurs, les villes & dépendances de Derbend & de Bacou, & les provinces de Ghilan, de Mazanderan & d'Astarabad.

3°. Qu'il fourniroit aux prix stipulés dans cet acte, des chameaux & des vivres aux troupes Russes.

4°. Qu'il y auroit à l'avenir toute liberté de commerce entre l'une & l'autre nation.

5°. Enfin que chacune de ces Puissances reconnoîtroit pour amis & pour ennemis les amis & les ennemis de l'autre.

XIV. Pendant que Tahmas cédant à

F v

la néceſſité ſe cherchoit ainſi des pro-
teċteurs aux dépens d'une partie de ſes
Etats, Mahmoud qui en occupoit le thrône
ſe vit tout-à-coup ſur le point d'en tomber.
Ce ne fut point une main étrangere, mais
l'un de ceux qui avoient le plus contribué à ſes conquêtes, qui le jetta dans ce
péril. L'on a vû qu'Aman - Ola l'avoit
ſuivi en cette expédition comme aſſocié,
& non comme ſujet. Ce Général, qui n'a-
voit pû voir ſans une jalouſie extrême toute la ſupériorité que le titre de Roi donnoit ſur lui à ſon compagnon, n'avoit
diſſimulé quelque-tems, que dans la vûe
de s'en dédommager en quelque maniere
par les richeſſes immenſes qu'il eſperoit
tirer de Caſbin. L'on prétend même que
de concert avec ce Prince, il devoit s'en
faire déclarer Souverain ; mais le mauvais ſuccès de cette entrepriſe aigriſſant
encore ſon reſſentiment, il fut à peine
gueri de ſa bleſſure, qu'il demanda hautement à Mahmoud de partager avec lui
le thrône & les richeſſes de Chah-Huſſein,
conformément aux conventions qu'il di-

soit avoir faites ensemble en partant de
Candahar.

Le thrône ne souffroit point de partage, & ces trésors étoient nécessaires pour s'y maintenir. Mahmoud ne pouvoit donc acquiescer à ces propositions : cependant comme il étoit de son intérêt de ménager un Général expérimenté, & qui d'ailleurs avoit amené un corps considérable de troupes qui ne reconnoissoit que ses ordres, il l'amusa par differentes promesses, jusqu'à ce qu'Aman-Ola voyant qu'il ne cherchoit qu'à éluder, ne garda plus de mesures, & parla de maniere à faire connoître qu'il n'y avoit rien que l'on ne dût craindre de son ressentiment.

Une des filles de Chah - Hussein que Mahmoud lui avoit donné en mariage ne contribuoit pas peu à irriter cet esprit naturellement fier & violent. Elle lui remettoit sans cesse devant les yeux la perfidie de ce Prince, elle ne parloit que de son ambition , de son avarice & de sa cruauté. Enfin, voyant les choses portées au point où elle désiroit, elle représenta si vivement à son époux le danger où il exposeroit sa vie, s'il ne sortoit promptement des lieux dont le Sultan étoit le maître, qu'elle le détermina à joindre ses forces à celles de Tahmas, pour chasser de concert l'usurpateur & partager ensemble ses dépouilles.

Ce fut dans ce dessein qu'Aman - Ola sortit d'Ispahan à la fin de Décembre de la même année. Dès qu'il fut hors des portes, il mit l'aigrette Royale à son turban, & prit le chemin de Candahar. Mahmoud, qu'il vouloit tromper par cette fausse marche, n'avoit osé s'opposer à sa retraite : il craignoit avec raison d'augmenter le nombre de ses ennemis, peut-être même qu'il n'étoit pas fâché de se voir délivré, quoique aux dépens d'une partie de ses forces, d'un homme qui avoit l'audace de se donner pour son concurrent. Mais dès qu'il sçut que ce Général avoit changé de route, il sentit si vivement tout ce qu'il avoit à craindre, qu'il partit sur le champ avec ce qu'il put ramasser de monde, ordonnant au reste de

fes troupes de le fuivre en toute diligence.

Il le joignit le quatriéme jour ; &
comme l'on préfumoit qu'Aman-Ola n'o-
feroit fe fier à un homme à qui il avoit
donné de tels fujets de crainte, l'on ne
doutoit pas que le fort des armes n'allât
décider leur querelle ; cependant d'auffi
loin qu'ils fe virent, ils coururent s'em-
braffer, foit, comme le penfe l'Auteur
dont je tire cet événement, que le fouvenir de leur ancienne amitié étouffât les
reproches qu'ils étoient en droit de fe faire, foit peut être que ce Général fe crût
trop foible, ou qu'il ne comptât point
affez fur la fidélité de fes troupes, pour
ofer mefurer fes forces avec celles de ce
jeune Conquérant.

Ces marques d'affection furent fuivies
de près de la reconciliation qu'elles an-
nonçoient. Aman-Ola fe laiffa gagner de
nouveau par les promeffes de Mahmoud,
& ce Prince qui vouloit s'affurer de lui
d'une maniere qui ne pût l'offenfer, le fit
monter par honneur fur fon propre che-

val ; après quoi l'ayant embraſſé une ſeconde fois , & ayant renouvellé l'un &
l'autre leurs premiers ſermens ſur leurs
ſabres croiſés , il le renvoya à Iſpahan,
eſcorté , ou plutôt gardé à vue , par un
gros de cavalerie , mandant au Gouverneur de cette ville de lui accorder, à la
liberté près , tous les honneurs & toutes
les déferences qu'il pourroit ſouhaiter.

XV. Mahmoud ayant ainſi prévenu le
péril où le reſſentiment de ſon ami étoit
prêt de le jetter , reçut le ſerment de fidélité des troupes de ce Chef, & les ayant
unies aux ſiennes, il joignit l'armée de Zeberdeſt-Kan (1). Ce Général venoit d'il-
luſtrer ſa réputation par une nouvelle conquête. Il avoit reſſerré Cachan de maniere
que ſes habitans déja intimidés par la priſe de Gulpeican & de Honſar , s'étoient
rendus à compoſition. L'Aghvan parut

(1) Le P. Jerôme & le Sieur Joſeph diſent que Cachan fut pris dans les derniers jours de l'année , tems au-quel , ſuivant le P. Du-Cerceau , Aman - Ola partit d'Iſpahan. Mah-moud n'étoit donc point à ce ſiege. Je con-cilie par ce ſéjour dans la capitale mes differens mémoires. *Voy. art. V. not. 2.*

1723.

d'abord obferver religieufement fes promeffes ; il n'y eut ni défordre ni pillage
dans la ville , mais l'on affure qu'en
ayant tiré trois mille hommes de guerre ,
fous prétexte que fon deffein étoit d'af-
fiéger Cafbin , il les fit camper dans un
lieu féparé , où ils furent maffacrés la nuit
fuivante par fes ordres.

Ce ne fut qu'après cette barbare exécution que Mahmoud joignit l'armée vic-
torieufe. Les nouvelles qu'il avoit reçues
du Farfiftan avoient donné lieu à fa marche. Nazr-Ulla chargé de la réduction de
cette province s'étoit d'abord emparé fans
réfiftance des bourgs & des villages qui
étoient fur fa route. La terreur de fon
nom avoit même engagé plufieurs villes
à prévenir fes entreprifes par une prompte foumiffion : il étoit donc arrivé , prefque fans combattre devant Chiras ; mais
s'étanr attaché au fiége de cette place ,
un coup de fufil termina , dès la premiere
attaque , fa vie & fes projets.

La perte de ce Général qui paffoit parmi ces peuples pour un foudre de guer-

re , plongea fon armée dans la plus vive douleur. Elle en donna de triftes marques, par les fanglantes funerailles dont elle honora fa mémoire. Elle défila , enfeignes traînantes , autour de fon corps, après quoi tout ce qu'il y avoit d'efclaves & de prifonniers ayant été obligés de faire la même chofe , on les immola à fes pieds , outrant , par le nombre de ces malheureufes victimes , un ufage barbare reçu des Indiens. L'on en ufa de même à l'égard de fes plus beaux chevaux , dont fuivant la coutume des Aghvans , on diftribua la chair aux foldats pour en faire un régal funebre.

Nazr-Ulla étoit d'une taille fort élevée, mais mal prife. L'habitude qu'il avoit de tenir ordinairement un œil fermé , lui avoit fait donner le nom de *Kior-Sultan* (2) , fous lequel il n'étoit pas moins connu que fous le fien propre. Il aimoit beaucoup les Arméniens , dont il fembloit être le protecteur déclaré. Les courfes

(2) *Le Seigneur borgne.* Voyez *liv. III, art. XV, not. 5.*

& les brigandages ausquels il s'étoit exer-
cé dans sa jeunesse, l'avoient formé de
bonne heure au métier de la guerre, &
il y avoit acquis tant de réputation, qu'il
passoit parmi les siens pour un Général
consommé. Une suite continuelle de succès, qu'il devoit moins à son bonheur qu'à
sa prudence, le faisoient soupçonner d'a-
voir appris la magie chez les Indiens. C'est
peut-être de cette prévention que nais-
soit la confiance extraordinaire du soldat,
qui, parce qu'il n'avoit jamais été battu,
le croyoit invincible. Au reste il étoit d'un
caractere doux & humain, & il en usoit
envers ceux qui se soumettoient à lui, avec
une fidélité & une clémence peu connues
des autres Chefs rebelles. Tant de belles
qualités le firent honorer même après sa
mort, car Mahmoud lui ayant fait élever un
Mausolée près du cimetiere des Armeniens,
les Aghvans qui le regardoient comme un
Saint, y alloient en grande vénération.
Circonstance singuliere, en ce qu'il étoit
Parsi de naissance & de religion, ce que
l'on ne pouvoit ignorer, puisque deux

Prêtres gagés par le Sultan, entretenoient le feu sacré près du tombeau.

Mahmoud qui jugeoit ne pouvoir mieux remplacer ce Capitaine qu'en lui donnant Zeberdeſt Kan pour ſucceſſeur, ordonna à ce Général de partir en toute diligence pour Chiras, après quoi il revint avec l'armée à Iſpahan, où il arriva vers la fin de Mars mil ſept cens vingt-quatre.

XVI. Dans le moment qu'il entroit dans la ville, un événement auſſi nouveau que ſingulier le frappa d'admiration & d'étonnement (1). Une femme déguiſée en homme, ayant découvert ſes troupes, les joignit au galop, & donnant à coups de ſabre ſur les premiers qu'elle rencontra, l'on aſſure qu'elle en tua plus de vingt, avant que ceux qu'elle attaquoit ſi bruſquement euſſent eu le tems de ſe reconnoître & de la ſaiſir. C'étoit une Géorgienne, qui, participant de l'hu-

____

(1) Je copie en ceci le Pere Reynal. Le Pere Du-Cerceau rapporte peu différemment ce fait, que le Pere Kruſinski reconnoît être tiré de ſes mémoires.

meur guerriere si naturelle aux hommes de son pays, avoit formé le dessein de vanger sur les premiers Aghvans qu'elle rencontreroit la mort de son mari tué à la prise du pont de Marinon. Dans cette idée elle s'étoit reposée sur son frere de l'administration de ses biens & de deux enfans qu'elle avoit ; après quoi sans se rebuter de la rigueur de la saison, ni de la longueur du voyage, elle étoit partie secretement habillée en homme & bien armée. Mahmoud devant qui on la mena toute couverte des blessures qu'elle avoit reçûes & qu'elle s'étoit faites elle-même dans le moment qu'elle s'étoit vue hors de combat, ayant été informé de son sexe, admira sa fermeté, & donna ordre qu'on la traitât avec tous les égards & les soins que méritoit la grandeur de son courage.

Cependant sur les nouvelles certaines de la mort de Nazr-Ulla les villes & les bourgs du Farsistan qui s'étoient soumis, avoient repris les armes, comme s'il n'y avoit eu plus rien à craindre pour eux après un tel événement. Ce ne fut donc pas sans peine que Zeberdeft-Kan joignit son armée. Il la trouva occupée à vanger par la prise de Chiras la mort de ce Général, & la gloire de succéder à un homme si regretté étant pour lui un nouveau sujet d'émulation, il n'oublia rien de ce qui pouvoit contribuer au succès de cette entreprise.

Le Kan de la province étoit resté dans la ville. C'étoit un homme peu fait au métier de la guerre, mais fidele & plein de bonne volonté, qui sentant qu'il n'avoit pas les qualités nécessaires pour se tirer avantageusement d'un tel pas, avoit, par des présens & des promesses, engagé Mir-Baghir (2), frere d'Abdoullah Vali d'Arabie à venir l'aider de ses conseils. Ce Prince qui passoit pour un grand Capitaine, s'étant rendu près de lui avec ce qu'il avoit trouvé de gens de sa nation

(2) L'Auteur que je cite le nomme *Hagi-Bakir*, c'est-à-dire, *Bakir le Pelerin*, nom que le P. Reynal a dé-figuré. Le Sieur Joseph lui donne le titre de *Mir* ou d'*Emir*, & le dit frere du Vali.

diſpoſés à le ſuivre, commandoit ſous ſon nom dans la place. Les murs étoient en bon état ; les endroits les plus expoſés étoient couverts de retranchemens, & de fréquentes ſorties avoient déja réduit les Aghvans au point de déſeſperer du ſuccès, lorſque le Kan s'aviſa mal-à-propos de contenir dans ſes remparts une garniſon diſpoſée à tout entreprendre : faute inexcuſable, puiſqu'il ne pouvoit ignorer les malheurs qu'une pareille conduite avoit attirés ſur Iſpahan.

Ce trait d'imprudence fut bientôt ſuivi des inconvéniens que l'on en devoit craindre. Une ardeur ſi néceſſaire ſe rallentit ; & les vivres venant à manquer, le ſoldat découragé ne ſongea plus qu'à ſe ſouſtraire par une prompte fuite à la famine qui le menaçoit. L'ennemi qui ſentoit tout l'avantage d'une telle déſertion, la favoriſoit en livrant paſſage à ceux qui cherchoient à ſe retirer. Enfin, la diſette croiſſant de jour en jour, Mir-Baghir entreprit de ſauver la ville par un dernier effort. Il ſortit tout-à-coup à la tête de ſix mille hommes, & se fit jour à travers les assiégeans surpris & dispersés. Ce succès l'encouragea; mais la fortune se lassa bientôt de le favoriser, car lorsqu'il voulut rentrer avec un convoi qu'il amenoit, il se trouva en tête un corps de troupes, qui, quoique beaucoup inferieur en nombre, l'attaqua avec tant de résolution qu'il mit en fuite sa petite armée (3). Le vaillant Emir ne put se résoudre à prendre un parti si honteux. Il tint ferme avec deux cens hommes seulement qui lui restoient, & qui, imitant son exemple, moururent comme lui en combattant généreusement jusqu'au dernier soupir.

XVII. L'avantage de retrancher à l'assiégé des secours si nécessaires, ne fut pas le plus considerable que les Aghvans tirerent de cette victoire. La campagne étoit

____

(3) Le Pere Reynal rapporte que ce Prince venant avec 6 ou 7000 hommes au secours de Chiras, il fut battu par 1400 Aghvans, ce que le P. Du-Cerceau réduit à 800. Le Sieur Joseph parle du siege comme d'une suite de cette victoire : enfin le P. Jerôme se contente de dire qu'après plusieurs combats, & sept mois de résistance, la ville fut prise & saccagée.

ravagée , & les bourgs des environs se
gardoient avec tant de soin , que la disette étoit plus grande encore dans le
camp que dans la ville ; de maniere que
Zeberdest Kan se voyoit sur le point d'ê-
tre forcé à lever le siége , lorsque la prise du convoi ramenant l'abondance , le
mit en situation d'attendre tranquillement
que l'ennemi pressé par la faim vînt im-
plorer sa misericorde. L'événement ne
trompa point son espérance. Chiras fut
bientôt réduite à un état peu different de
celui où Ispahan s'étoit vue. Vingt mille
habitans y moururent de famine , & cette
perte, jointe à la désertion, mettant le Kan
hors d'état de rien entreprendre , il se détermina enfin le treize d'Avril (1) à envoyer
son frere pour traiter de la capitulation.
Il croyoit après cette démarche n'avoir
plus rien à craindre ; mais il porta bien-
tôt la peine de son imprudente sécurité,

(1) Je me fonde pour cette date sur ce que le Pere Reynal dit que la ville fut prise le 13 , & le Pere Jerôme le 14. Je présume de-là qu'ayant envoyé le 13 au soir pour capituler, elle fut surprise le lendemain,

car les Aghvans s'étant apperçus que les affiégés avoient prefque abandonné leurs poftes, retinrent le Député & donnerent tout-à-coup un affaut général. Les Perfans furpris & déconcertés ne firent prefque pas de réfiftance. Tout ce que l'ennemi rencontra fut égorgé, & cette malheureufe ville alloit perdre le refte de fes habitans, fi les Officiers plus humains n'euffent arrêté la fureur du foldat.

Le maffacre fini, le vainqueur ufant de fes droits, commença à piller, ce qu'il fit avec toute la licence ordinaire en pareille occafion. L'on remarque que pendant que les foldats difperfés cherchoient avidement de toutes parts quelque nouvelle proye, quelques - uns d'entr'eux ayant trouvé chez un particulier plus de bled qu'il n'en falloit pour nourrir la ville pendant plufieurs mois, ils furent fi frappés de l'inhumanité de cet indigne citoyen, qu'ils l'attacherent à un poteau, où il mourut de faim lui-même au milieu de fes grains ; vengeant par ce trait d'équité la mort de tant de milliers

d'habitans

d'habitans que ce malheureux avoit sa-
crifiés à son avarice.

C'est ainsi que cette ville, l'une des
plus célébres de l'Orient, fut prise & saccagée après huit ou dix mois de siége ,
ou plutôt de blocus (2), car après les
premieres attaques, l'ennemi désesperant
de la réduire autrement que par la famine, il se contenta de garder soigneuse-
ment ses postes ; de maniere que depuis
que le Kan eut défendu les sorties jusqu'au
dernier assaut, il n'y eut presque personne
ne de tué. Les Aghvans y perdirent cependant deux mille hommes des leurs &
un nombre assez considérable de Derghezins. Il y perit à peu près autant de Persans par les armes , & plus de vingt mille
par la famine. Le vainqueur n'éxigea à
titre de tribut du reste des habitans que
ce qu'ils payoient annuellement aux Rois

1724.

(2) Le P. Jerôme dit sept mois, le P. Reynal huit, & le P. Du-Cerceau dix. Le Sieur Joseph ne compte que 25 jours de siege, ce qui fait croire que les autres y comprennent le blocus, & peut-être toute la durée de l'expédition.

de Perſe , & il leur enjoignit de ramaſſer des vivres de toute part , pour les envoyer au plutôt à Iſpahan où l'on commençoit à en manquer.

Zeberdeſt-Kan flatté d'une conquête de cette importance , ſe diſpoſa bien-tôt à en tenter de nouvelles. A peine il eut rétabli quelque ordre dans Chiras , qu'il ordonna à Huſſein - Aga , l'un des Officiers de la maiſon de Mahmoud , d'aller avec quatre cens hommes faire une incurſion dans la partie méridionale de la province. Ce détachement perça ſans obſtacles juſques à Lar, ville qui donne ſon nom à un petit pays qui avoit autrefois ſes Rois particuliers : il la pilla & n'ayant pû en forcer le château , ni l'engager à entrer en compoſition , il pouſſa juſqu'à Bender-Abaſſi.

Ce n'étoit pas la premiere fois de la guerre que cette ville s'étoit vue expoſée à de pareilles inſultes. Le deux de Janvier mil ſept cent vingt - deux quatre mille Boulouchs , l'avoient pillée , ſans y trouver d'abord de réſiſtance ; mais ayant entrepris de forcer les comptoirs des Compagnies Angloise & Hollandoise, ils y avoient perdu inutilement beaucoup de monde. Les Aghvans furent moins heureux encore : sur les premiers bruits de leur marche les habitans s'étoient retirés avec leurs meilleurs effets dans l'isle d'Ormus, & les Européans s'étoient si bien préparés à les recevoir, qu'ils en furent quittes pour quelques vivres qu'ils fournirent. D'ailleurs la malignité de l'air & la mauvaise qualité des eaux firent périr la plus grande partie du détachement, de maniere que deux mois après leur départ, les Aghvans réduits au nombre de quarante hommes seulement, rejoignirent l'armée, sans que le pillage de cette ville eût rien ajouté de précieux au riche butin qu'ils avoient fait dans leur course.

XVIII. Cependant les nouvelles de la prise de Chiras ayant été portées à Ispahan au commencement de Mai, Mahmoud pour profiter de l'ardeur qu'elles inspiroient à ses troupes, résolut de marcher en personne à de nouvelles conquêtes. Il partit dès le mois ſuivant pour ſoumettre le Cohkilan, pays ſitué à dix journées de la capitale, en tirant vers Baſſora. Son armée étoit de près de trente mille hommes, & des forces ſi conſidérables ſembloient lui annoncer de nouveaux ſuccès, mais l'événement ne répondit point.à ſes eſperances ; car dans cette expédition, il eut tant à ſouffrir du mauvais air, & des Arabes qui le harcelérent ſans ceſſe, qu'il ne ramena pas la ſixiéme partie de ſes troupes. Sa diſgrace auroit même encore été bien plus complette, ſi Caſſin - Kan Seigneur Perſan qui poſſédoit une Principauté dans ces cantons, ne lui eût donné tous les ſecours qui dépendoient de lui.

L'on tient que dans la triſte ſituation où Mahmoud étoit réduit, il fut obligé de compoſer avec les Arabes, qui lui promirent de lui fournir des vivres s'il ſe retiroit ; mais que ces peuples le voyant enſuite hors d'état de réſiſter, lui manquerent de parole. Quoiqu'il en ſoit, le Sultan conſterné d'une ſi grande perte, revint

peu de tems après à Ispahan, où il voulut rentrer sans aucuns des honneurs qu’on
avoit coutume de lui rendre en semblables
occasions ; après quoi ayant fait distribuer
cinquante mille tomans (1) à son armée,
pour la dédommager de la perte de ses
équipages, il l’occupa pendant le reste
de l’Eté à réduire quelques bourgades aux
environs de la capitale.

Dans l’état de foiblesse & de découragement où les Aghvans se trouvoient alors,
Tahmas auroit eu lieu de tout esperer, s’il
avoit pû former quelque entreprise ; mais
ce Prince peu sçavant encore en l’art de
regner, se voyoit lui-même dans les plus
grands embarras. Il en devoit une partie
à ses imprudences ; car oubliant que ses
procédés fiers & hautains avoient l’année
derniere causé la révolte de Tiflis, il avoit
traité sans nul ménagement les Arméniens, en les accablant d’impôts excessifs,
qu’on levoit sur eux à toute rigueur. Un
procédé si dur aliéna d’abord les esprits,
& ce qui porta les choses à l’extrêmité,

(1) 6 millions 250 mille livres.

fut que ces peuples, difpenfés par les loix de tout fervice militaire (2), ayant refufé d'acquiefcer aux ordres qu'il leur donna de fe joindre à fes troupes, il entra à main armée dans quelques - uns de leurs principaux bourgs qu'il faccagea.

Les Arméniens de Capan & de Sizian, voyant qu'on les traitoit en ennemis, prirent ouvertement les armes, & s'étant raffemblés au nombre de quarante mille, ils fe cantonnerent dans leurs montagnes. Tahmas qui ne fembloit montrer de vigueur que dans les occafions où il s'agiffoit d'ufer de prudence, courut d'abord pour les y forcer ; mais ils le reçurent fi vertement toutes les fois qu'il s'y préfenta, que devenu plus circonfpect par fes difgraces, il fe détermina enfin à entrer en négociation. Ce Prince gagna fans peine par la douceur ce qu'il n'avoit pû emporter par la force, & ces montagnards étant ren-

(2) En Perfe, felon le P. Du-Cerceau, les peuples foumis au tribut font difpenfés de tout fervice militaire. Les autres, tels que les Géorgiens, font obligés de prendre les armes, toutes les fois que le Roi l'ordonne.

1724.

trés de bonne foi dans leur devoir, leur fidélité lui fit connoître par les suites tout le tort qu'il avoit eu de pousser à bout des sujets courageux & affectionnés à son service.

XIX. Ces rebelles, ni ceux des autres parties du Royaume, n'étoient pas les plus dangereux ennemis que Tahmas eut alors sur les bras. La Porte Othomane jalouse des avantages que le traité de Petersbourg assuroit au Czar, n'avoit rien oublié pour se mettre en état de les contrebalancer par ses conquêtes. Dans cette idée, après avoir pourvû à la sureté de la Géorgie, en y faisant bâtir une nouvelle forteresse (1) elle avoit assemblé differens corps d'armées sur la frontiere. Abdoullah Pacha de Van (2), l'un de ses Géné-

(1) Les Turcs la nommerent *Yegui - calé-si*, c'est-à-dire, le *Fort* ou le *Château-neuf*.

(2) Son surnon étoit *Cuprul-Oglou*, ou *Fils de Cupruli*. Cette famille qui descend du G. V. Cupruli-Mehemed Pacha, fils d'un Curé des environs de Belgrade, en Albanie, ou de son oncle, chef de cuisine d'un Kislar - Aga, est presque la seule de Turquie qui ait un nom propre. Ahmed Pacha, fils de Mehemed, lui succeda à l'âge de 26 ans, & prit la ville de Candie après deux ans & demie de siege. *Voy. canon de Suleïman.*

G iiij

raux étoit entré vers le commencement de l'année dans cette province, où Méhemed-Couli-Kan , le même qui avoit rendu Tiflis , paroiſſoit encore à la tête de quelques troupes. Le Pacha ayant renforcé les garniſons des places , marcha à lui avec trente cinq mille hommes ; &, l'ayant joint dans les montagnes , il l'attaqua & le mit en fuite. Ce Général revint enſuite ſur ſes pas & pénétra vers la fin de Février dans l'Azerbigian , où il mit le ſiége devant la fortereſſe de Khoy , qu'il prit d'aſſaut & ſaccagea , après deux mois de réſiſtance.

Arifi-Ahmed Pacha , de Diarbekir, que la Porte Othomane avoit nommé Seraſkier , forma peu de tems après des entrepriſes plus conſidérables encore. Ce Général ayant paſſé l'Araxe le cinq de la Lune *Chaval* , jour qui tomboit cette année ſur le vingt-ſix du mois de Juin , il entra avec une armée de trente cinq mille hommes dans la province d'Erivan. Il ſeroit difficile d'exprimer les cruautés & les autres déſordres qui ſuivirent cette irruption. Les villages & les bourgs qui se trouvoient à portée du passage, furent entiérement saccagés, & le nombre des Esclaves de l'un & de l'autre sexe fut si grand, que des lettres écrites par les Patriarches d'Echmiazin (3) aux Arméniens d'Iezdevar, font foi que l'on en comptoit jusqu'à trente mille de cette seule nation.

Après ces barbares hostilités, qu'Arifi-Ahmed autorisoit peut-être pour donner plus de terreur à l'ennemi, ce Général arriva le dernier du même mois devant Erivan, Capitale de la province, dont il se disposa à faire le siége (4).

Cette place la plus importante de celles que la Perse possédoit en Arménie, n'est éloignée que de cinq ou six lieues du Mont-Ararat, sur lequel la tradition du pays porte que l'arche s'arrêta après le déluge. Elle étoit autrefois située à un

(3) M. de Tournefort qui écrit *Itchmiadzin*, dit que ce mot Arménien signifie la *descente du Fils unique*. Les Turcs nomment ce bourg *Uch-kilisia*, c'est-à-dire, les *trois Eglises*.

(4) Le P. Du-Cerceau rapporte ce siege à l'année 1725, mais l'on verra par les suites qu'il s'est trompé en cela.

quart de lieue de l'endroit où on la voit aujourd'hui ; mais l'an 1635 Chah-Sefi l'ayant prife d'affaut fur les Turcs, fes nouveaux maîtres jugerent cet emplacement plus avantageux. Son château bâti fur un roc efcarpé & inacceffible du côté du couchant, eft deffendu de trois autres par une triple enceinte de briques ſechées au foleil. Au pied de ce roc coule une riviere très-rapide nommée *Zenghi*, qui defcendant du lac *Sevan* (5) éloigné de deux journées & demie vers le Nord, va fe jetter à trois lieues plus bas dans l'Araxe. Le Kan de la province avoit fon palais dans le château. La ville eft enfermée d'une double muraille & plus remplie de jardins & de vignes que de maiſons. Les Arméniens formoient alors le quart de fes habitans. Une vafte & fertile plaine, où l'on tient qu'après le déluge Noé offrit fon premier facrifice, y

(5) L'Auteur dit *Agtamar*. Comme je ne vois pas de lac de ce nom, qui eft celui d'une iſle du lac de Van, je m'en tiens aux cartes de M. Delifle. M. de Tournefort l'appelle *Lac d'Erivan*.

forme, en la joignant au Monts Gor-
diens dont l'Ararat fait partie, une vue
délicieuse ; mais cet avantage est contre-
balancé par de grandes incommodités : les
eaux & les fruits y sont mal - sains ; les
tremblemens de terre fréquens ; l'hiver,
malgré la temperature du climat, long
& rude, & les chaleurs si excessives & si
dangereuses l'Été, que pendant les mois
de Juillet & d'Août le Kan & la plûpart
des habitans sont contraints d'abandonner leurs maisons, pour aller respirer un
air plus doux sur les montagnes. L'on y
compte quelquefois en cette saison jusqu'à vingt mille tentes ; non - seulement
les Curdes qui en sont voisins, mais encore des peuples du fond de la Caldée, y
venant en ce tems-là conduire leurs troupeaux.

XX. Ce fut donc, comme on l'a vû,
le trente du mois de Juin que l'armée
Othomane parut sous les murs de cette
ville. Une artillerie de cent piéces de canon dont elle étoit pourvûe ayant bien-
tôt renversé une partie de ces foibles rem-

parts, le Seraskier jugea qu'il pouvoit entreprendre de forcer la garnison ; mais il y trouva plus de difficulté qu'il ne le présumoit ; car, quoique ses troupes se portassent vaillament, elles furent reçûes avec une vigueur qui les déconcerta. Elles éprouverent la même résistance en differens assauts, entre lesquels on en compte jusqu'à trois où l'armée entiere marcha, & le nombre des leurs tués en ces occasions fut si considérable, que l'air en étant corrompu, le Général fut obligé de demander une tréve de trois jours pour les enterrer.

La jonction du Pacha de Cutaye qui arriva peu de tems après à l'armée, détermina le Seraskier à tenter de nouveau la fortune. Il donna le dix de Septembre un quatriéme assaut général ; mais y ayant perdu inutilement plus de monde que dans aucune des actions précédentes, tant de disgraces consécutives commencerent à ébranler les Turcs. Ce siége coutoit déja la vie à plus de vingt mille des leurs, morts par les armes, ou par la malignité

de l'air : il leur arrivoit souvent des secours, & huit mille bombes avoient réduit une partie de la ville en cendres ;
mais la garnison témoignoit toujours la
même fermeté, & ils ne se voyoient gueres plus avancés que les premiers jours.
Un péril si long acheva enfin de rebuter
les esprits, & le soldat menaçoit déja hautement de se retirer, lorsque l'arrivée des
milices d'Egypte fit changer la face des
affaires. Ces troupes retinrent par leur
exemple & leurs discours l'armée prête à
se débander, & Sari-Mustafa, Pacha d'Erzerom ayant amené, à la fin de Septembre, un renfort considérable, les murmures & les craintes acheverent de se dis-
siper, & l'on ne songea plus qu'à assurer
le succès de l'entreprise.

Des secours si grands & si fréquens
commencerent enfin à intimider le Kan
qui commandoit dans la place. L'on y
manquoit de vivres, un grand nombre
de soldats & d'habitans avoit péri de mi-
sere, de maladie, ou par les armes ; l'on
n'entendoit point parler du Prince Tah-

mas dont on n'efperoit plus rien ; enfin l'on étoit réduit, faute de plomb, à refondre, en y plaçant un pois en forme de noyau, le peu de balles qui reftoient, & celles que l'on trouvoit fur les brêches & dans les foffés. Expédient qui pouvoit bien dérober à l'ennemi la connoiffance de ce befoin, mais qui, retranchant de la pefanteur de la balle, diminuoit en même-tems fa portée & fon effet.

Ces circonftances & les preffantes follicitations d'un de fes freres pris par les Turcs près de l'Araxe, dans un combat dont on ignore les particularités, déterminerent le Kan à entrer en capitulation. Il députa le premier d'Octobre pour traiter des articles ; & après quelques difficultés, l'on convint que ce Commandant & fa garnifon feroient conduits en toute fûreté avec leurs effets jufques fur les frontieres du Caradagh (1) ; que les ha-

(1) Le *Caradagh*, ou peut-être *Carabagh*, car je foupçonne mon Auteur de confondre ces noms, eft, felon lui, une grande province fituée au Midi de l'Araxes, dans laquelle il y a des montagnes inacceffibles. Le *Carabagh*,

1724.

bitans du château, & ceux qui s'y étant retirés pendant le siége, n'avoient eu aucune part à la deffense de la ville, en sortiroient pour aller habiter le vieux Erivan: qu'aucun d'eux ne seroit inquiété en sa personne ni en ses biens, & que l'on remettroit incessamment la place, le château, l'artillerie & les munitions de guerre au pouvoir du Grand-Seigneur.

Ces conventions furent exécutées de bonne foi. Le Pacha de Cara-Hissar conduisit la garnison jusques sur la frontiere, & le Kan s'étant de-là rendu à Ahr, l'on dit que Tahmas qui se trouvoit pour lors en cette ville, lui fit couper la tête, pour le punir de n'avoir pas fait une plus longue résistance.

XXI. Les troupes commandées par le Pacha de Van n'étoient cependant pas restées oisives. Ce Général ayant, comme on l'a vû, battu Méhemed-Couli-Kan &

suivant une de ses notes, est un Gouvernement général dont la capitale est Gandja. Il dit ici que Ahr est la capitale du *Caradagh* ; peut-être est-ce celle du *Carabagh* ou *Caradagh*, resserré dans son propre territoire. Je crois que c'est le Betzirvan de M. Delisle.

pris la fortereffe de Khoy , avoit jetté fes vûes fur Tauris ; mais comme fes forces n'étoient pas fuffifantes pour tenter un fiége de cette importance., il en avoit écrit à la Porte qui approuvant fes deffeins , ordonna aux Pachas de Caramanie , d'Alep & à quelques autres de fe joindre à fon armée.

Au commencement du mois d'Août , dans le tems qu'il fe difpofoit à exécuter cette entreprife , il reçut une députation des Arméniens de Nacchivan (1). Soit, comme le marquent mes Mémoires , que ces peuples cherchaffent à fe venger du traitement que le Prince Tahmas avoit fait depuis peu à la nation , en brûlant quelques - uns de fes bourgs , foit qu'ils craigniffent de fe voir faccager par les armées Othomanes , entre lefquelles

____

(1) *Naxchivan* , dit La-Boullaye-le-Gouz , *fignifie* la premiere faite , *parce que c'eft la premiere ville qui ait été bâtie après le Déluge.* Cela me fait fouvenir d'une hiftoire généalogique des Rois de France , imprimée en 1629 à Paris , où l'Auteur, qui donne Adam pour fecond Roi des Gaulois , fuit fa généalogie jufqu'à Louis XIII , à qui ce livre eft dédié.

ils alloient se trouver (2) , l'objet de
cette députation étoit de solliciter le Pacha d'entreprendre la conquête de leur
pays. Ce Général flatté d'une telle proposition, y fit marcher les Beys du Cur-
distan avec douze mille hommes , auf-
quels il joignit un détachement de mille
Turcs commandés par un Aga nommé
Ibrahim. Ces troupes parurent à peine
dans la province , que les Arméniens se
souleverent. Les Persans furent en peu de
tems chassés de Nacchivan & d'Ordoubad,
lieu connu par le commerce des soies &
des toiles ; ces villes furent pillées , une
partie de leurs habitans & de ceux de la
campagne tomba dans l'esclavage , & cet-

(2) L'Interprête Géor-
gien qui avance que les
Arméniens de Capan &
de Sizian vaincus plu-
sieurs fois par les Per-
sans , furent dissipés ,
tués ou menés en escla-
vage , impute la dépu-
tation dont je parle au
ressentiment qu'en con-
servoient leurs compa-
triotes ; mais comme
j'ai suivi pour ce pre-
mier événement le Pere
Du-Cerceau, qui m'a
paru mieux instruit, je
suis obligé d'alleguer
ici d'autres motifs. Au
reste on retrouvera au
livre VIII. ces premiers
peuples aux mains avec
les Turcs , ce qui sem-
ble prouver qu'ils fu-
rent ensuite , comme je
l'ai dit , fidéles à leur
Souverain.

te expédition, jointe à la prife d'Erivan, fit paffer prefque toute l'Arménie majeure fous une nouvelle domination.

XXII. Sur ces entrefaites le Pacha de Van fe trouvant à la tête de vingt-cinq mille hommes, marcha droit à Tauris. Quoique le tremblement de terre dont on a parlé eut ruiné une partie de cette ville, elle étoit encore l'une des plus grandes de l'Orient ; mais il n'y avoit ni murailles ni artillerie, de maniere que, comme à l'ancienne Lacedemone, le nombre & la valeur de fes citoyens étoient le feul rempart que l'on y eût à oppofer à l'ennemi. Les affiégeans encouragés par ces circonftances, marcherent tête baiffée à l'affaut ; ils fe fuivoient en foule & s'étoient déja rendu maîtres de tout un quartier, lorfque les habitans accourans par les rues voifines de la grande place, couperent celles par lefquelles ils étoient entrés ; & leur barrant ainfi toute communication avec le refte de l'armée, quatre mille hommes qui fe trouverent enfermés dans ces rues, y furent taillés en piéces.

Cette difgrace ne rebuta point le Pacha.
Il donna enfuite differens affauts d'un
côté où des jardins le couvroient de la
ville ; mais fes troupes furent toujours re-
pouffées, & il commençoit à chanceller
dans fes réfolutions, lorfque fes efpions
lui rapporterent que les habitans fe dif-
pofoient à l'attaquer la nuit fuivante dans
fes retranchemens. Cette nouvelle le détermina. Il fit allumer les feux à l'ordinaire, & cette même nuit, qui étoit celle du vingt au vingt & un de Septembre,
il décampa fans bruit ; laiffant, pour
mieux tromper l'ennemi, les tentes dref-
fées. Les affiégés fortirent effectivement
au nombre de vingt mille, fur les onze
heures du foir, & voyant qu'il s'étoit retiré, ils le fuivirent fans pouvoir le joindre jufqu'au lendemain à midi, maffa-
crant fans pitié non-feulement les traîneurs, mais encore les malades & les
bleffés que l'on avoit été forcé d'abandonner à leur difcrétion.

L'armée Othomane fe retira à Taffou,
ville fituée à vingt lieues de Tauris fur

la rive feptentrionale du lac Chahi. Ce fut là que le Général outré de fa difgrace, l'augmenta en voulant fe venger; car ayant donné ordre de faire efclaves les femmes & les filles des villages voifins qui s'étoient foumis fans réfiftance, & d'en égorger le refte des habitans, les peuples de Tauris indignés de cette cruauté, vinrent au nombre de vingt mille pour le forcer dans fa retraite. Ce Général averti de leur marche ne les attendit point dans fes murs : il fortit à leur rencontre à la tête de huit mille hommes qui lui reftoient, mais en ayant perdu la plus grande partie dans le combat, il fut obligé de céder & de fe retirer à Khoy avec le petit nombre des fiens qui put le fuivre.

Telle fut, fuivant le fieur Jofeph, l'iffue de cette expédition. Le Pere Du-Cerceau rapporte la chofe tout differemment. Il dit que les Arméniens de Capan étant, comme on l'a vû, rentrés dans leur devoir, ils fe joignirent à l'armée de Tahmas, ce qui mit ce Prince en état de marcher à Tauris où il attaqua & défit les

Turcs dans leurs retranchemens. Il se peut
que Tahmas ait eu part à la sortie dont on
a parlé, & même à l'action de Tassou,
mais dans l'impossibilité de concilier entiérement ces Auteurs, j'ai cru devoir
m'attacher à celui qui autorise ce qu'il
dit de ce siége par des dattes & des détails
qu'il a été à même d'apprendre de l'un &
de l'autre parti ; puisque ce fut à la fin de
la même année, qu'il passa d'Ispahan à
Constantinople, d'autant plus que l'autre
s'attachant uniquement à l'histoire des Aghvans, ne fait presque aucune mention de
cette guerre, dont il paroît même assez
mal informé, en plaçant, comme il le
fait, la prise d'Erivan & la conquête de
la Géorgie en l'année mil sept cens vingt-
cinq.

XXIII. Ces deux armées n'étoient pas
les seules que la Porte Othomane eût en
Perse. Hassan (1) Pacha de Bagdad, &

(1) C'est ainsi que d'*Achmet*, c'est-à-dire,
l'appelle le Sr Joseph. *Ahmed*, ce qui fait croi-
Dourri Effendi lui don- re que son fils lui a suc-
ne le même nom, & le cedé, mais plus tard,
Pere Du-Cerceau celui

1724.

Ahmed son fils, Pacha de Baſſora y étant entrés avec les forces de leurs Gouvernement, s'étoient attachés à Amadan dont ils faiſoient le ſiége. Tahmas encouragé par ce qui venoit de ſe paſſer à Tauris, envoya au ſecours de cette ville une partie de ſes troupes ſous la conduite de Flagella - Kan, l'un de ſes principaux Officiers; mais le ſuccès ne répondit point à ſes eſperances. Ce Général fut battu & mis en fuite par les aſſiégeans. Tahmas outré d'une diſgrace que l'on ne devoit peut-être imputer qu'au ſort des armes, lui ayant envoyé par dériſion des habillemens de femme, en guiſe de Calaat, Flagella-Kan pour ſe vanger d'un affront ſi ſenſible, paſſa dans le parti de Mahmoud avec quatre cens hommes qu'il engagea à ſuivre ſa fortune.

L'armée Othomane délivrée de l'inquiétude que ce ſecours pouvoit lui cauſer continua tranquillement le ſiége. Cependant l'ennemi ſe défendoit toujours avec la même réſolution & il y avoit déja deux mois qu'il la retenoit au pied de ſes mu-

railles, lorfqu'un renegat Allemand fit
jouer une mine dont il avoit entrepris la
conduite. Son effet affura la difgrace des
affiégés. Les Turcs coururent à l'affaut
avec de grands cris, & renverfant tout
ce qui s'oppofoit à leur paffage, ils fe répandirent bien - tôt dans les principales
rues. Tout ce qu'ils rencontrerent fut égorgé, fans diftinction d'âge ni de fexe, &
la fureur du foldat alloit achever de détruire la garnifon & les habitans, lorfque leurs Généraux, par un fentiment
d'humanité, faciliterent la fuite de ce qui
en reftoit, en faifant ouvrir une des portes de la ville.

La prife d'Erivan qui fuivit d'un mois
ou environ celle de cette place (2) & la
défaite du Pacha de Van à Taffou, furent les dernieres actions de la campagne
des Turcs. Les armées du Seraskier &

(2) Aucun de mes Auteurs ne datte cet é-
vénement, mais j'en juge par ce qui fe paffa
à Conftantinople où j'é-tois alors. Le canon du
Sérail l'annonça le 22 Septembre, & le 24 Octobre on reçut la nou-velle de la prife d'Erivan.

du Pacha de Van , réduites à quarante mille hommes feulement , en comptant même les garnifons de Géorgie ; les milices d'Egypte & les Curdes fe féparerent & furent prendre leurs quartiers d'hyver à Erivan , Nacchivan & Ordoubad. Pour les troupes de Bagdad & de Baffora, dont mes Mémoires ne parlent plus , il y a apparence qu'elles fe retirerent dans leur pays , après avoir laiffé dans Amadan ce qu'il falloit de monde pour s'affurer de leur conquête.

Fin du fixiéme Livre.

SOMMAIRE

SOMMAIRE

DU

SEPTIEME LIVRE.

I. *RÉJOUISSANCES à Constantino-*
ple (1). Défaite de Mehemed-Couli-
Kan (2). Il prend sa revanche (3). Nou-
velle Fête publique (4).

(1) Memoires partic.   (2) Jofeph, I. Rel. M.
Thomas.   (3) Jofeph, I. Rel.   (4) Relation de
l'Auteur.

II. *Illuminations du Palais de France (1).*
La Porte piquée contre le Czar rompt les
Conférences. Conduite du Médiateur.
Embarras du Grand-Vifir (2).

(1) Mem. partic.   (2) Lett. div.

III. *Convocation du Divan. Adreffe du*
G. V. qui, fecondé par le Marquis de
Bonnac, fait réfoudre la paix dans le
moment que l'on venoit de s'y déterminer
à la guerre (1).

(1) Lett. div.

IV. *Diftinctions accordées à l'Interprête de*
la Porte (1). Dignité qui lui eft conférée

(1) Lett. div.

par les suites (2). Le Czar accepte les préliminaires (3). Les Conférences recommencent. Politique du G. V. (4). Circonstance citée en preuve (5). Nouvelles difficultés (6).

(2) Mem. partic.   (3) M. d'Alion , *Mem.* Nouv. publ.   (4) Nouv. publ.   (5) Lett. I. de Conft.   (6) M. d'Alion , *Lett.*

V. *Fin de la négociation (1). Extrait du Traité(2).*

(1) Nouv. publ.   (2) Traité de Conft.

VI. *Datte du Traité. Circonftances de l'échange des ratifications (1). Ordres envoyés aux troupes des frontieres (2). Ambaffades du Czar & de Tahmas (3). Ce Prince ordonne au Réfident de Ruffie de fe retirer. Ambaffade extraordinaire (4).*

(1) Lett. div.   (2) Nouv. publ.   (3) Joseph, I. Rel.   (4) M. d'Alion , *Lett.*

VII. *Mahmoud leve de nouvelles troupes(1). Défenfes d'écrire & de s'abfenter (2). Arrivée d'une caravane (3) peu nombreufe , & pourquoi (4). Ce qui le détermine au fiege d'Yezd (5). Datte de fon départ ;*

(1) Revol. II. 286.   (2) P. Reynal.   (3) Revol.   (4) Joseph , II. Rel.   (5) Revol.

état de son armée (6). *Précautions qu'il avoit prises. Châtimens de quelques traîtres* (7). *Conduite des assiegés.*

(6) P. Reynal. (7) Revol. II. 290. (8) *Ibid.* P. Reynal.

VIII. *Assaut général* (1). *Autres également inutiles. Disette & détachemens de l'armée* (2). *Elle est battue* (3). *Circonstances de sa défaite* (4). *Murmures des Aghvans* (5).

(1) Revol. II. 292. (2) P. Reynal. (3) *Ibid.* P. Jerôme. Revol. (4) P. Reynal. (5) Joseph, II. *Rel.* M. d'Alion, *Lett.*

IX. *Circonstances du retour d'Aschraf. Disposition des esprits en sa faveur. Mahmoud le fait arrêter* (1). *Inquiétudes de ce Prince* (2).

(1) Joseph, II. *Rel.* (2) *Ibid.* P. Reynal. Revol. II. 293.

X. *Du* Riadhiat. *Mahmoud entreprend cet exercice. Effets qu'il produit sur lui* (1). *Bruits qui courent au sujet de Sefi-Mirza* (2).

(1) P. Reynal. Revol. II. 294, (2) Mem. sur Chah-Sefi. Joseph, *Not.* Revol. Nouv. publ.

XI. *Dénombrement des Princes du Sang* (1).

(1) P. Reynal.

H ij

Le 7 Février (2) *Mahmoud les maſſacre* (3). *Chah - Huſſein bleſſé en ſauve
deux* (4). *Obſervations ſur la ſenſualité
de ce Monarque* (5).

(2) Revol. II. 297. (3) P. Reynal. Joſeph,
II. *Rel.* P. Jerôme. M. d'Alion, *Lett.* Revolut.
(4) P. Reynal. Revol. (5) Revol. I. 107.

XII. *Aliénation d'eſprit de Mahmoud* (1).
De l'Evangile rouge (2). *On le lit ſur ſa
tête* (3). *Effets qu'on lui attribue ; détail de cette cérémonie* (4). *Circonſtances
& dattes de ce qui ſuit* (5). *Reſtitutions
& promeſſes* (6). *Sentimens de pieté* (7),
& ſuites de la maladie de ce Prince (8).

(1) P. Reynal. M. d'Alion, *Lett.* Revol. II.
299. (2) Revol. (3) *Ibid.* P. Reynal. (4) Revol. (5) Joſeph, II. *Rel.* (6) *Ibid.* P. Reynal.
Pere Jerôme. Revolut. (7) Joſeph, II. *Relat.*
(8) *Ibid.* P. Jerôme. P. Reynal. Revol.

XIII. *Défaite d'un corps d'Aghvans* (1)
commandés par Seïdal (2). *Aſchraf trai-
te ſecretement avec Tahmas* (3).

(1) Revol. II. 303. M. d'Alion, *Lett.* Nouvel. publ. (2) Revol. (3) *Ibid.* 341.

XIV. *Cabales & ſujets de reſſentiment d'A-
man-Ola* (1). *La nation convient d'élire un nouveau Chef* (2). *Aſchraf eſt tiré*

(1) Revol. II. 276. (2) Joſeph, II. *Rel.*

*de prison & proclamé Roi. Datte (3) &
suites de cette révolution (4).*

(3) Revol. II. 320. P. Jerôme. Pere Reynal.
(4) *Ibid.* Jofeph , II. *Rel.*

XV. *Portrait de Mahmoud (1).*

(1) Revol. II. 316.

XVI. *Caractere d'Afchraf (1). Il fait tuer les gardes & les créatures de fon prédéceffeur (2). Mort & éloge de Coular-Agaffi (3).*

(1) M. de Gardane. Revolut. II. 309 , 321.
(2) Revol. II. 322. Pere Reynal. Jofeph , II. *Rel.*
(3) Revol.

XVII. *Offres artificieufes du nouveau Sultan (1). Chah - Huffein lui fait ceffion du trône (2). Egards qu'Afchraf lui témoigne. Il époufe une de fes filles (3) , & envoye à Com les corps des Princes maffacrés par Mahmoud (4). Conduite du Commandant de cette ville , & traitement fait au conducteur de ce convoi (5).*

(1) Pere Reynal. Revol. II. 323.   (2) Jofeph,
II. *Rel.*   (3) Revol. II. 329.   (4) *Ibid.* 326.
Jofeph , II. *Rel.* Pere Reynal.   (5) Revol.

XVIII. *Afchraf punit les conjurés qui l'a-*

voient mis fur le trône (1). *Mort d'A-man-Ola* (2). *Ses richeffes. Difgrace du Miangi* (3).

(1) Revol. II. 330. (2) *Ibid.* Pere Jerôme.
(3) Revol.

XIX. *Traitement fait à Zeberdeft-Kan. Seï-dal & Mehemed-Nifchan font les feuls officiers confidérables que l'on n'inquie-te pas* (1). *Motifs en faveur de celui-ci* (2). *De la mere de Mahmoud* (3). *Con-duite d'Afchraf à fon égard* (4).

(1) Revol. II. 337. (2) Jofeph, II. Relat.
(3) Revolut. II. 223. (4) Ibid. 339. •

XX. *Afchraf fait aveugler fon frere* (1) *& un fils de Mahmoud* (2). *Mort de la veuve de ce Prince. Libéralités d'Af-chraf* (3). *Police qu'il établit* (4). *Il fe fait rendre les fommes reftituées par fon prédéceffeur* (5).

(1) Revol. II. 338. (2) Pere Jerôme. Pere Reynal. (3) Jofeph, II. Rel. (4) Revolut. I. 265. (5) Ibid. II. 302. Pere Jerôme. Pere Reynal.

XXI. *Afchraf tente de fe faire reconnoître en Candahar* (1). *Il envoye à Tahmas une ambaffade & des préfens* (2). *Sufpenfion*

(1) Jofeph, II. Rel. (2) Pere Reynal. Re-vol. II. 344.

d'hostilités (3). *Seconde défaite de Seï-dal* (4). *Intelligences de quelques Per-sans avec Tahmas* (5). *Avis qu'ils lui donnent* (6). *La Lettre est interceptée, ils sont punis* (7).

(3) Revol.   (4) *Ibid.* M. d'Alion, *Lett.* (5) Pere Reynal. Revol.   (6) Pere Reynal. (7) *Ibid.* Revol.

XXII. *Lieu choisi pour l'entrevûe* (1). *As-chraf marche en forces pour s'y rendre. Avis que reçoit Tahmas* (2). *Il veut combattre : incident qui l'en empê-che* (3).

(1) Chevalier de Gardane. Pere Reynal. Jo-seph, *Not.* (2) Pere Reynal.   (3) Revolut. II. *350.*

XXIII. *Aslan va reconnoître* (1) *avec deux mille hommes. Mauvaise foi d'Aschraf. Tahmas se sauve. Valeur & défaite d'As-lan. Diligence de la marche du Prin-ce* (2). *Il se retire dans le Mazande-ran* (3).

(1) Pere Reynal. Revol. II. 349.   (2) Pere Reynal.   (3) *Ibid.* Joseph, II. *Rel.* M. Desro-ches. Revolut.

XXIV. *Aschraf attaque Theran* (1.) *Il est repoussé* (2). *Il s'empare de Sava* (3) &

(1) Pere Reynal. Revol. II. 352.   (2) Revol. (3) *Ibid.* Pere Reynal.   H iiij

de Com (4). *Les capitulations font ob-
fervées. Pertes de Tahmas* (5). *Retour
d'Afchraf à Ispahan* (6).

(4) *Ibid.* Joſeph, II. *Rel.*   (5) Joſeph, II.
Rel.   (6) *Ibid.* Pere Reynal.

HISTOIRE
DES
REVOLUTIONS
DE PERSE.

LIVRE SEPTIE'ME.

Amais les Turcs n'avoient
étendu leurs conquêtes jusqu'à
Amadan, & un tel événement
étoit propre à raſſurer les peuples qui s'inquiétoient déja du ſuccès
d'une guerre à peine commencée. Ces circonſtances redoublerent la joye que la priſe de cette ville cauſa aux Miniſtres de la
Porte. L'artillerie du Sérail en annonça
l'agréable nouvelle le vingt-deux Septembre à dix heures du matin, & le Grand-

H v

Vifir l'ayant fait notifier le lendemain aux Ambaſſadeurs de France (1), les vaiſſeaux ſur leſquels Monſieur d'Andrezel étoit arrivé répondirent aux ſalves que les differentes batteries du port firent pendant trois jours à cette occaſion.

Ces réjouiſſances étoient à peine finies que l'on en ordonna de nouvelles. Méhemed-Couli-Kan toujours occupé du ſoin de ſe vanger, ayant paſſé le Cur près de Gori, avoit aſſiégé la fortereſſe qui défend cette petite ville ; il en preſſoit les attaques avec beaucoup d'ardeur, lorſque Regeb Pacha de Tiflis accourut à la tête de ſix mille hommes de ſa garniſon pour le combattre. Ce ſecours imprévu, & la défection des principaux Géorgiens gagnés par la Porte, obligerent le Kan à ſe retirer : il ne put même le faire ſi promptement que les Turcs ne le joigniſſent au paſſage du fleuve ; il perdit mille hommes en cette action, & alla avec le reſte de ſes troupes attendre dans les montagnes quel-

(1) M. le Marquis de Bonnac, & M. d'Andrezel ſon ſucceſſeur, arrivé le 13 du même mois.

que conjoncture plus favorable à ses des-seins.

Il s'en présenta bientôt une dont il sçut profiter. Le Pacha encouragé par sa victoire entreprit quelque-tems après de forcer Lori, ville peu éloignée de Gandja. Il marcha à cette expédition avec un détachement aussi nombreux que le premier ; mais cette entreprise eut un succès tout différent ; car Méhemed-Couli-Kan qui l'observoit, l'ayant attaqué lorsqu'il y pensoit le moins, ce Prince tailla en piéces une partie de ses troupes & poursuivit le reste jusques sous le canon de Tiflis.

La défaite des Géorgiens au passage du Cur & la prise d'Erivan étoient le sujet des dernieres fêtes dont on vient de parler. Ces nouvelles arriverent à Constantinople le dix-neuf Octobre ; & le vingt-quatre du même mois un sabre de Sultan Amurat, que les Persans avoient trouvé en 1665 dans Erivan, à la prise de cette ville, ayant été porté en pompe au Sérail, les réjouissances commencerent le lendemain.

H vj

A la premiere priere du jour, c'est-à-dire, entre sept & huit heures du matin, les batteries du port ouvrirent la fête par une décharge générale, à laquelle les vaisseaux de guerre François répondirent. Ces salves réïterées à midi & à quatre heures furent suivies à l'entrée de la nuit de l'illumination de quelques obélisques formés de lampes de verre de differentes couleurs, & de celle de quatre châteaux élevés dans le port sur des pontons, d'où partoient par intervalle differens feux d'artifice.

Les Officiers François qui s'étoient apperçus de ces préparatifs illuminerent en même-tems leurs vaisseaux, & les gens de l'équipage, une lanterne de papier à chaque main, passant successivement au son du tambourin de la poupe à la proue, plus de mille *Caïques* ou gondoles du pays, accourus à cette nouveauté, entourerent ces bâtimens.

Le Capitan - Pacha piqué d'émulation fit sortir le jour suivant du fond du port les galeres & quelques Sultanes, qui s'étant rangées en ligne devant le Sérail, augmentoient pendant le jour, par le bruit de leur artillerie, celui des trois salves ordinaires; & pendant la nuit elles sembloient être tout en feu par l'éclat des lampes dont elles étoient couvertes.

Le vingt-huit au soir, dans le tems que l'on étoit le plus occupé à ces spectacles, il parut tout-à-coup une lueur brillante, qui débouchant du Bosphore, borda insensiblement la côte d'Asie sur plus de trois lieues d'étendue. Elle s'approcha peu à peu, & l'on vit que c'étoit les Caïques du port & des environs divisés de distance en distance par des bâtimens plus considérables. Ils défilerent sur quatre de front devant les *Kiosk* (2) du Grand-Seigneur & des Sultanes, au bruit des décharges de quelques petites piéces de canon placées dans les petits forts dont on a parlé, & faisant le tour du port, ils formerent un cercle de lumiere dont les galeres & les vaisseaux occupoient le

______

(2) Pavillons de charpente ouverts de tous côtés, où l'on va prendre l'air.

centre. Ils fe répandirent enfuite dans le baſſin , où voguant à l'avanture , la mer parut couverte de feux errans dont la réverbération fembloit augmenter le nombre.

II. Pendant les neuf jours que les réjoüiſſances durerent , l'Ambaſſadeur de France fit illuminer pluſieurs fois fon palais. Ces démonſtrations publiques de joie étoient, en pareille occaſion, contre l'uſage ordinaire ; mais les circonſtances les autoriſoient aſſez , puiſque les événemens qu'elles avoient pour objet étoient l'accompliſſement d'un des articles du traité conclu par la médiation de cette Couronne.

Il faut pour l'intelligence de ceci reprendre les choſes de plus haut. L'on a vû que la Porte inſtruite à tems du ſuccès de la négociation d'Iſmael - Beg , pouſſoit ſans ménagement ſes conquêtes en Perſe. La maniere dont elle en avoit été informée ne pouvoit être plus piquante. Soit que le Czar mépriſât le reſſentiment que ce traité devoit cauſer à cette Puiſſance , foit qu'il jugeât de fon intérêt de le faire croire, il avoit à peine été conclu, que fe contentant d'en envoyer de fimples copies fans nulle inftruction au Marquis de Bonnac & à Monfieur Nepluief, il le fit en même-tems répandre par toute l'Europe, enforte que deux jours après l'arrivée du courier qui le leur portoit, la Gazette de Vienne, où il étoit inferé en entier, annonça cette nouvelle aux Miniftres du Grand-Seigneur.

Une conduite fi finguliere répandit à Conftantinople un étonnement général. L'Ambaffadeur de France & le Réfident de Ruffie qui ne s'attendoient point à ce contre-tems en furent confternés, & leurs ennemis profiterent des circonftances pour décrier leur conduite. Ils y réuffirent fans peine. Les Commiffaires Turcs ayant commencé le dix Janvier mil fept cens vingt-quatre la conférence par les reproches les plus aigres, ajouterent au nom du Grand-Seigneur, qu'un Prince tel que Tahmas, errant de ville en ville, fans appui, fans fecours, ne pouvoit valablement confentir au démembrement de ses Etats : que de tels engagemens étoient nuls, en ce qu'il n'y avoit qu'une extrême nécessité qui pût y faire souscrire ; que d'ailleurs l'Empereur leur Maître ne souffriroit jamais qu'aucune Puissance étrangere étendît sa domination en Perse, & qu'ainsi l'unique moyen de conserver la paix étoit de se désister, non-seulement de ce traité, mais encore d'abandonner les conquêtes faites sur les rives de la mer Caspienne.

Après une déclaration si précise, les Commissaires Turcs rompirent brusquement la conference, & l'on ne parla bientôt plus que de déclarer la guerre au Czar & de mettre son Résident au château des Sept-Tours.

Le Résident qui n'avoit aucun ordre d'agir résistoit constamment aux sollicitations que le Marquis de Bonnac lui faisoit de hazarder quelques démarches. Ce silence hors de saison achevoit d'aigrir les esprits, & l'orage étoit prêt d'éclater, lorsque cet Ambassadeur qui connoissoit

mieux les vrais intérêts des deux Puiſſances, ne craignit pas de ſe charger des
événemens. Il vit les Miniſtres de la Porte ; il entra en explication avec eux, & il
ſçut ſi bien concilier les choſes qu'on fut
bien-tôt d'accord ſur preſque tous les articles.

Le Grand-Viſir Ibrahim, qui preſſoit
ſous-main la concluſion de cette affaire,
y trouvoit lui-même une grande difficulté. L'autorité des Monarques Othomans,
ſi deſpotique à l'égard des particuliers,
eſt autant, ou plus limitée que celle des
Souverains de l'Europe dans les choſes qui
intéreſſent la nation en général. S'ils ont
deſſein de faire la paix ou de déclarer la
guerre, il faut d'abord qu'ils ſoient au-
toriſés par un Fetfa qui déclare l'entrepriſe juſte & conforme aux Loix. Ils con-
voquent enſuite un Divan, compoſé non-
ſeulement des *Viſirs de Voute*, qui en
ſont les Conſeillers ordinaires, mais encore de tous les gens de Loi, & des principaux Officiers de chaque Corps de Milice. C'eſt devant ce Tribunal que l'affai-

re eſt miſe en délibération ; chacun y opi-
ne à ſon tour , & le Grand-Seigneur eſt
obligé de ſuivre la déciſion qui s'y forme
à la pluralité des voix.

Le Fetfa du Mufti n'étoit pas ce qui
inquiétoit Ibrahim. Les Grands-Viſirs ont
tant de part à la nomination de ces Pon-
tifes , qu'ils en obtiennent ordinairement
ce qu'ils demandent , mais il ne lui paroiſſoit pas auſſi facile de diſpoſer du
Divan , d'autant plus que comme il s'a-
giſſoit de s'allier avec une Puiſſance Chrétienne pour chaſſer du thrône un Prince
de leur religion & rétablir la domination
des Alides , la crainte de ſe charger des
événemens obligeoit ce Miniſtre à cacher
avec ſoin ſes propres idées au ſujet d'une
entrepriſe ſi contraire aux maximes du
Gouvernement.

III. Cependant on ne pouvoit plus dif-
ferer. Il falloit ou conclure la négociation
commencée avec la Ruſſie , ou arrêter les
progrès de cette Puiſſance en lui déclarant
la guerre. Ce fut ce qu'Ibrahim expoſa au
Grand Divan qu'il convoqua au nom de

l'Empereur son Maître. Cet habile Ministre y sembloit lui-même indéterminé sur le parti le plus avantageux à l'Etat ; mais avant de se rendre au Sérail, il avoit chargé l'Interpréte de la Porte d'aller faire au Marquis de Bonnac de nouvelles représentations mêlées de quelques reproches, & de se regler de maniere à pouvoir lui rapporter sa réponse sur les dix heures, tems auquel il jugeoit que le Divan en viendroit à la décision. Son but étoit d'échauffer le Médiateur par cette démarche & de l'obliger à s'expliquer plus vivement & d'une maniere plus décisive. L'événement répondit à son attente : le Marquis de Bonnac animé par ces discours, ou plutôt pressé par les circonstances, leva les principales difficultés, imagina de nouveaux expédiens, & s'étendit avec plus de force que jamais sur les avantages de l'alliance proposée.

Tandis que cet Ambassadeur mettoit tout en usage pour maintenir un traité qui lui avoit tant couté de soins, le Divan délibéroit, & presque tous les suffrages

tendant à rompre avec la Ruffie, le Grand-
Vifir fe joignit à cette opinion, & dit à l'affemblée que puifque la guerre étoit réfo-
lue, il n'y avoit, felon l'ufage, qu'à faire
la priere, & aller enfuite rapporter au
Sultan le réfultat du Confeil.

On fe difpofoit à commencer la priere,
lorfque ce Miniftre fut averti que l'Interpréte de la Porte demandoit à lui parler.
Il donna ordre qu'on le fît entrer ; & l'Interpréte lui ayant dit qu'il étoit chargé par
l'Ambaffadeur de France de l'entretenir
en particulier ; le Vifir répondit vivement
qu'il n'y avoit aucun fecret entr'eux, que
l'Ambaffadeur étoit connu de tout le monde pour l'ami de l'Empire comme pour
le fien, & que le Divan avoit le même
interêt que lui d'apprendre ce qu'il avoit
à communiquer ; après quoi il lui ordonna de rapporter à haute voix la commiffion de l'Ambaffadeur. L'Interpréte le fit
en répetant ce que le Marquis de Bonnac
lui avoit dit. Ce difcours dura une demie heure, & le Vifir qui connut par
l'impreffion qu'il faifoit fur les efprits que

les choses étoient au point où il les vouloit, s'adreſſant enſuite au Divan : » Je
» viens, dit-il, de me conformer à votre
» avis en opinant pour la guerre. Vous
» connoiſſez la droiture & les bonnes in-
» tentions de l'Ambaſſadeur de France,
» & vous venez d'entendre ce qu'il nous
» fait dire : Que penſez-vous à ce ſujet ?

L'effet de cette prudente manœuvre fut
plus prompt qu'il n'avoit oſé l'eſperer.
Toute l'Aſſemblée s'écria que ſi ce que
l'Ambaſſadeur faiſoit repréſenter étoit
vrai, comme on devoit le croire, il ne
falloit plus ſonger à la guerre, mais apporter tous ſes ſoins pour conclure la négociation. » Puiſque c'eſt votre dernier
» avis, reprit le Viſir, allons infor-
» mer l'Empereur de ce qui s'eſt paſſé. «
Il ſortit en même-tems accompagné de
ceux des Conſeillers qui le ſuivent en ces
occaſions.

IV. Le Grand-Viſir étonné d'un tel
rapport fit appeller l'Interprète, pour entendre de ſa bouche les repréſentations
qui avoient donné lieu à un changement

ſi ſubit. Cet Officier qui ne s'attendoit
pas à un tel meſſage, étant entré en trem-
blant, le Monarque le raſſura avec bonté, l'écouta avec beaucoup d'attention,
loua la prudence & le zele que l'Ambaſſadeur avoit fait paroître dans des conjonctures ſi délicates, & ajouta que convaincu par les raiſons de ce Miniſtre, il
confirmoit l'avis du Divan, & vouloit
que l'on hâtât la concluſion du traité.

On n'avoit jamais ouï dire qu'un Interpréte de la Porte eut été admis & écou-
té au Divan; & il n'étoit pas moins hors
d'exemple qu'il rendît directement compte d'une affaire au Grand-Seigneur. Ce
Monarque & ſon Viſir paſſerent donc également en cette occaſion ſur l'uſage ordinaire, & ce fut de toute maniere un
grand jour pour l'Interpréte, car non-
ſeulement il fut à la ſortie du Serrail ho-
noré d'un préſent de deux bourſes (1) &
d'un nouveau Caftan (2), mais encore
ces circonſtances contribuerent beaucoup

(1) 3000 livres.   comme en Perſe le Ca-
(2) Robe d'honneur,   laat.

à le faire élever à la dignité de Vaivode
de Moldavie, dont il fut revêtu en l'année 1726.

Le Divan ayant ainſi décidé pour la
continuation de la paix, le Marquis de
Bonnac dépêcha un de ſes parens à la
Cour de Ruſſie avec les préliminaires du
Traité. Monſieur d'Alion, c'eſt ainſi que
ſe nommoit ce Cavalier, arriva à Moſcou le ſeize de Mars. Le premier des articles dont il étoit chargé portoit, que le
Prince Tahmas ſeroit tenu d'envoyer une
Ambaſſade ſolemnelle à Conſtantinople,
pour prier le Grand - Seigneur de borner
ſes conquêtes & de conſentir, en ce qui
ne ſeroit pas jugé contraire à la gloire &
aux interêts de ſa Hauteſſe, à l'éxécution
du Traité conclu l'année précédente à Pe-
terſbourg. Les autres formoient un projet
d'accommodement au ſujet des limites des
conquêtes faites ou à faire ſur la Perſe
par l'une & l'autre de ces Puiſſances.

Ces préliminaires ayant été agréées, le
Réſident de Ruſſie reçut de nouvelles inſ-
tructions, & le dix-neuf de Mai les con-

férences recommencerent. Elles furent interrompues de nouveau le vingt-trois du même mois, premier jour du Ramaz an; l'auftérité du jeûne que les Turcs obfervent pendant cette Lune-là, ayant établi parmi eux l'ufage de renvoyer après les fêtes qui le terminent l'expédition de toutes les affaires qui peuvent fouffrir ce retardement.

Sous un autre Miniftere un pareil délai auroit fans doute apporté quelque changement dans les réfolutions ; cela ne fe voit que trop fréquemment à la Porte, où l'on ne paroît pas toujours fuivre bien conftamment une même idée ; mais Ibrahim plus prudent & de meilleure foi que fes prédécefleurs, fe conduifoit par des principes tout differens. Ce Miniftre prévoyant qu'une guerre, telle que celle qui fuivroit une rupture avec la Ruffie, l'obligeroit à s'éloigner du Grand-Seigneur pour fe mettre à la tête des armées, & que cette feule abfence, ou quelque mauvais fuccès, fuffiroit pour caufer fa difgrace, s'étoit fait une maxime de maintenir

tenir envers les Puiſſances Chrétiennes une paix ſi néceſſaire à la ſûreté de ſa fortune. C’eſt dans cette idée, c’eſt-à-dire par ménagement pour l’Empereur des Romains, que la Comteſſe Berchini, épouſe du plus conſidérable des Seigneurs (3) qui ont ſuivi la fortune du Prince Ragotski, étant morte l’année précédente à Rodoſto ; ce Miniſtre n’avoit voulu permettre à perſonne de la Cour de ce Prince de ſe trouver aux funerailles de cette Dame, qui ſe firent ainſi à Conſtantinople ſans pompe ni convoi.

Quelque favorables que fuſſent ces diſpoſitions, l’on trouvoit encore de grands obſtacles à la concluſion du Traité. Le Dagheſtan & partie du Chirvan, pays habités par des Sunnis, devoient reſter ſous la domination du Czar ; d’ailleurs ce Monarque exigeoit que la Porte re-

----

(3) M. le Comte Berchiny, aujourd’hui Lieutenant général, eſt ſon fils. En 1719 il leva à Conſtantinople un Régiment de Huſſards, avec lequel il entra au ſervice de France. *Abregé du Militaire de France, par* Lemau de la Jaiſſe.

connût Tahmas pour Roi de Perfe ; qu’elle joignît ſes forces à celles de la Ruſſie pour mettre ce Prince en poſſeſſion du Thrône ; enfin qu’elle s’engageât à ne recevoir ni propoſitions , ni Miniſtres de la part des uſurpateurs , & ces differens articles étoient également contraires à la religion, que les Mahométans regardent comme la baze & le premier mobile du gouvernement politique.

V. Un long entretien que le Grand-Viſir eut le cinq de Juillet avec le Marquis de Bonnac acheva de lever une partie de ces difficultés , & les conférences ayant recommencé le même jour , dès le lendemain on fut d’accord ſur tous les articles du Traité.

Cet Acte en contient ſix , précedés d’un préambule , dans lequel on rappelle ſommairement la ceſſion faite au Czar par le Prince Tahmas des Provinces ſituées ſur les rives de la mer Caſpienne.

Le premier article porte , que la barriere entre la Ruſſie & la Turquie ſera reglée par une ligne qui commençant à

vingt-deux lieues de la mer fur les confins du Dagheftan , paffera à pareille diftance du rivage de Derbend , & enfuite
au tiers du chemin de Chamaki à la côte,
ce tiers pris du côté de cette ville ; après
quoi elle tirera droit au confluent du Cur
& de l'Araxes. L'on y ftipule enfuite que
les Puiffances contractantes nommeront
des Commiffaires , & demanderont à la
France un Médiateur au fujet du réglement de ces limites , & qu'il fera libre à
l'une & à l'autre d'élever des forts , chacune fur fon terrain , aux conditions de
s'en donner avis réciproquement , & de
les bâtir à trois lieues au moins de diftance de cette frontiere.

Le fecond , que la ville de Chamaki capitale de la partie du Chirvan, qui eft fous
la domination de la Porte , & qui com-
pofe un Kanlic féparé , ne pourra être fortifiée , & reftera dans l'état où elle fe
trouvera , fans que le Grand - Seigneur
y puiffe mettre ni garnifon , ni Commandant , ni autre Officier Turc , foit pour
le civil , foit pour le militaire ; & que

si quelque cas imprévu , tel qu'une révolte ou des divisions dangereuses , obligeoit ce Monarque à y envoyer des troupes, elles seront tenues, avant que de passer le Cur , d'informer les Commandans Russes de leur marche, & de se retirer aussi tôt que les troubles seront pacifiés. Le Grand-Seigneur promet aussi par le même article que ses armées ne passeront ce fleuve en aucun endroit que ce soit de la Géorgie , sans donner avis des motifs de ce mouvement aux Commandans établis par le Czar sur la côte de la mer Caspienne.

Le troisiéme détermine la barriere qui doit séparer la Turquie de la Perse. Cette ligne commence où l'autre finit, c'est-à-dire au confluent du Cur & de l'Araxes ; elle passe à une lieue des murs d'Ardebil vers Tauris , & de-là à Amadan , qui tombe avec son territoire dans le partage du Grand-Seigneur ; après quoi elle se replie vers Kerman-chah , nouvelle conquête de ce Monarque, où elle se termine.

Par le quatriéme , le Czar promet au

Grand-Seigneur d'employer sa médiation
pour lui faire remettre volontairement ou
par commun effort les provinces qui lui
sont attribuées dans l'article précédent.
Ces Puissances déclarent ensuite que si
le Prince Tahmas refuse de se conformer au Traité, elles travailleront de concert à conquerir les lieux qui leur sont
tombés en partage, après quoi le reste
du Royaume sera remis en entier, & sans
aucune dépendance étrangere, entre les
mains de celui qu'elles jugeront conjointement le plus digne de commander. Cet
article finit par une garantie réciproque
des provinces de la Perse que ces Monarques se sont adjugées.

Dans le cinquiéme, le Grand-Seigneur
s'engage, lorsque les lieux qui lui sont
attribués par le troisiéme article, lui au-
ront été livrés volontairement, de reconnoître Tahmas pour Roi de Perse, de lui
donner entiere sûreté pour son rétablisse-
ment & de le secourir d'une maniere
convenable ; déclarant en outre qu'en cas
que les usurpateurs par quelques hostili-

tés le mettent, conformément à la loi, dans la nécessité de leur déclarer la guerre, il joindra ses forces à celles de la Russie pour placer ce Prince sur le Thrône de ses ancêtres.

Le sixiéme article porte, que si Tahmas refuse de se conformer au Traité, les Parties contractantes, après s'être emparé des Provinces qui leur sont attribuées, calmeront les troubles de la Perse, remettront ce Royaume au plus digne des Persans, qu'ils traiteront comme ils ont traité les Rois ses prédécesseurs ; ne pourront en aucune maniere s'immiscer dans le Gouvernement de ses Etats ; prendront conjointement les mesures nécessaires pour sa tranquillité, & ne recevront aucune proposition de la part de Mir-Mahmoud.

VI. Le Traité fut signé le huit de Juillet (1) & la ratification du Czar étant ar-

(1) Cette datte est prise du titre ; le texte porte : *Ecrit le second jour de l'illustre mois de Cheeval*, ce qui n'est pas facile à concilier ; car le premier du Ramadan tombant cette année, selon le calcul, comme selon mon Journal, sur le 23 Mai, il s'ensuit que le 2 de la

rivée, l'échange s'en fit folemnellement
quelques jours après chez le Grand-Vifir.
L'Acte néceffaire à ce fujet y fut dreffé
par le Chancelier de l'Ambaffade de France, & le Marquis de Bonnac qui n'avoit
pas craint de fe porter de fon chef pour
Médiateur dans une négociation fi épi-
neufe, le figna en cette qualité.

La paix étant ainfi confirmée, le Kan
des Tartares & les Généraux des troupes
Othomanes qui étoient fur la frontiere
de l'Ukraine reçurent ordre de fe retirer,
l'un vers la crimée & les autres vers le
Danube. Sur ces entrefaites Tahmas qui
étoit à Ardebil reçut un Ambaffadeur du
Czar. L'on ignore quelles étoient les propofitions dont il étoit chargé ; mais l'on
préfume qu'elles avoient rapport à ce qui
fe paffoit pour lors à Conftantinople : quoiqu'il en foit, ce Miniftre eut fi peu lieu
d'être fatisfait qu'il fe retira fans pren-

1724.

Lune *Chéeval* ou *Cha-
val*, étoit le 23 Juin.
Ce qu'il y a de conf-
tant, c'eft que diffé-
rentes Lettres écrites de
Conftantinople & de
Peterfbourg s'accor-
dent fur ce point avec
celles que je cite.

dre congé de ce Prince.

Un Ambassadeur que Tahmas avoit envoyé depuis peu à la Porte Othomane fut plus malheureux encore. On l'arrêta à Erzerom, où l'on le traita d'abord d'une maniere convenable à son caractere : mais sur de nouveaux ordres, il fut enfermé dans la Forteresse & l'on confisqua ses effets, qui montoient, dit-on, à la valeur de mille bourses (2) ; procédé bien different de celui que l'on avoit eu d'abord à son égard, en lui accordant soixante piastres par jour de *taïn* ou *subsistance*.

Dans ces conjonctures, Tahmas toujours inquiet du résultat des conférences de Constantinople, envoya un Ambassadeur en Russie. Ce fut vraisemblablement par cette voye qu'il apprit la teneur du Traité qui venoit de se conclure à son préjudice, & ce jeune Prince fut si irrité de voir le partage que l'on y faisoit de ses Etats, que sur le champ il donna ordre au Résident du Czar de se retirer de sa

(2) Un million 500 mille livres.

Cour. Cette marque d’indignation n’empêcha cependant point le Monarque de
Ruſſie d’ordonner à un Ambaſſadeur extraordinaire qu’il lui envoyoit, de continuer ſa route.

VII. Telles furent les principales négociations qui occuperent ces Puiſſances
pendant l’année mil ſept cent vingt-quatre. Mir-Mahmoud s’appliquoit cependant à réparer les brêches que l’expédition du Cohkilan avoit faites à ſes troupes. Dans cette vûe il enrôla ce qu’il put
tirer de la colonie des Dergheſins ; il
leva auſſi quelques Compagnies de Turcs,
& connoiſſant mieux que jamais de quelle
importance il lui étoit de cacher ſa foibleſſe, il renouvella non-ſeulement les
deffenſes d’écrire des lettres, mais encore
il impoſa peine de mort contre les étrangers qui entreprendroient de ſortir de la
ville.

Les choſes étoient en cette état, lorſque la caravane qu’il attendoit arriva à
Iſpahan. Les plaintes de quelques Aghvans, qui de retour en Candahar y accu-

foient hautement ce Prince de laiffer par
avarice les plus belles actions fans récom-
penfe , avoient empêché qu'elle ne fût
auffi nombreufe que celle de l'année précédente : cependant Mahmoud fe voyant
par ce fecours des forces auffi confidérables que celles qui l'avoient mis fur le
Thrône , il ne fongea plus qu'à effacer par
de nouveaux exploits les idées encore ré-
centes de fa difgrace.

La conquête d'Yezd qu'il avoit inutilement tentée lors de fa marche vers Ifpahan , fut l'entreprife à laquelle il fe
fixa (1). Les habitans de cette place
avoient entiérement défait depuis peu un
fecours de deux mille hommes qui lui
venoit de Candahar ; la néceffité de s'affurer la communication de cette province , & ces differens motifs de reffentiment l'engagerent à tourner toutes fes
forces de ce côté.

(1) Le Pere Reynal prétend que les habitans d'Yezd s'étant ré-voltés , firent main-
baffe fur la garnifon , & chafferent les *Gue-
bres* ou Parfis ; mais il eft le feul qui dife que
cette ville eut été fou-mife , & fuivant une
note du Sieur Jofeph , en Mars 1726 elle tenoit encore pour Chah-Tahmas.

Il partit pour cette expédition le vingt-deux Décembre de la même année à la tête d'un corps de dix-huit mille hommes. Un tel nombre de troupes, la précaution qu'il prenoit d'amener de l'artillerie, & les intelligences qu'il s'étoit ménagées avec les Parfis qui occupoient un quartier de cette ville, fembloient répondre d'un prompt fuccès ; mais la fortune laffe de le favorifer, lui manqua encore en cette occafion. Les habitans d'Yezd découvrirent la perfidie de leurs concitoyens & les en punirent en faifant main-baffe fur eux ; après quoi ils fouragerent le pays à plufieurs lieues à la ronde, & ayant enlevé, brûlé, ou détruit tout ce qui pouvoit être de quelque utilité à l'ennemi, ils attendirent tranquillement qu'il fe préfentât devant leurs murailles.

VIII. Une précaution fi fage obligea Mahmoud à brufquer le fiége. Son artillerie étoit à peine en batterie, qu'il ordonna un affaut général. Les Aghvans attaquerent en même-tems de tous côtés

avec toute la confiance que leur infpiroient les promeffes des Parfis ; mais ils
furent reçus par - tout avec tant de fermeté & de courage , qu'ils comprirent
bien-tôt qu'ils ne devoient plus compter
fur ce fecours.

Cet affaut fut inutilement fuivi de
quelques autres. Cependant les neiges
qui tomboient en abondance n'étoient pas
la principale incommodité que les Aghvans euffent à fouffrir ; la difette fe faifoit fentir vivement dans leur camp, &
la difficulté d'y remédier ajoutoit encore
aux murmures que cet incident y caufoit.
Il falloit donc , ou fe réfoudre à échouer
pour la feconde fois devant cette place,
ou fe déterminer à affoiblir confidérable-
ment l'armée en en tirant des détachemens
affez nombreux pour aller fans péril chercher au loin les fecours néceffaires. Ce
dernier parti fut celui que prit Mahmoud ;
mais il eut bien-tôt lieu de fe repentir
de ce choix , car à peine fon armée étoit
ainfi difperfée , que la garnifon groffie
des réfugiés du plat-pays , tomba tout-

à-coup fur les principaux quartiers, & paffant brufquement de l'un à l'autre, l'ennemi déconcerté par une attaque fi vive, fut mis en déroute avant que d'avoir pu raffembler fes forces. Les Aghvans perdirent trois mille hommes en cette action, & Mahmoud prêt d'être enveloppé par un corps de cavalerie, fut contraint d'abandonner par la fuite fes bagages & fon artillerie au vainqueur.

Le chagrin que cette nouvelle difgrace lui caufa fut bien-tôt augmenté par les plaintes féditieufes de fes troupes. Les foldats irrités difoient hautement que leur défaite étoit une fuite du relâchement qui s'introduifoit dans la nation ; que la molleffe & le luxe qui avoient perdu leurs ennemis alloient les perdre à leur tour ; que Mahmoud déja Perfan par la forme de fes habillemens & la fenfualité de fa table, l'étoit encore devenu par le nombre exceffif de concubines dont il avoit rempli fon Haram ; enfin qu'ils ne devoient plus efperer de vaincre tant qu'ils feroient gouvernés par un Chef, qui non

content de prendre les mœurs des vaincus , affectoit encore d'adopter leurs fentimens fur les matieres de religion. Ce
dernier reproche tomboit fur quelque difcours que Mahmoud n'avoit peut-être te-
nus que pour inquieter les Turcs , ou
pour fe rendre plus agréable aux Perfans.

IX. Cependant les murmures & le péril croiffoient par l'impunité ; Afchraf
étoit revenu avec la derniere caravane ,
& l'armée qui l'idolâtroit , jettoit déja les
yeux fur lui de maniere à faire compren-
dre qu'elle le regardoit comme le plus digne de regner.

C'étoient ces mêmes fentimens d'eftime & d'affection qui avoient rappellé ce
Général du Candahar où il étoit retourné
après la révolte de Cafbin : comme il ne
s'étoit impofé cette efpece d'éxil que pour
fe fouftraire à la jaloufe inimitié de Mahmoud , il s'étoit depuis fon retour tenu
à la campagne , & il y vivoit fans autres
foins que celui de fes affaires domeftiques;
mais il ne jouit pas long - tems de cette

tranquillité ; il étoit né pour remplir un fort plus brillant & moins heureux. Le foldat fe plaignit bien-tôt de l'abfence d'un Chef qu'il aimoit , & les principaux Officiers confiderant les dangers où l'armée feroit expofée fi Mahmoud , qui étoit d'une fanté affez foible , venoit à mourir fans enfans mâles en âge de regner , ils obligerent ce Prince à rappeller Afchraf pour le déclarer fon fucceffeur à l'Empire.

Une telle promeffe confirmée par des fermens détermina Afchraf à quitter fa folitude. Mahmoud forcé de diffimuler , le reçut & le traita pendant quelque-tems avec toutes le apparences de l'amitié la plus tendre ; mais il ne fut pas plutôt informé du murmure de fes troupes , que voyant d'un coup d'œil tout ce qu'il avoit à craindre de la difpofition des efprits , il l'attira dans fon Palais où il le retint fous bonne garde.

Ce trait de prudence en impofa aux mutins fans tranquillifer le Sultan. Les difgraces qu'il venoit d'effuyer en Cohki-

lan & devant Yezd avoient également affoibli fa puiſſance & fon autorité, de forte qu'il n'avoit guéres moins à craindre
déſormais de la déſobéiſſance de ſes troupes que des entrepriſes des Perſans. Il
falloit beaucoup de fermeté pour ſe tirer
avec quelque ſuccès d'une ſituation ſi em-
barraſſante, & Mahmoud n'avoit que de
la valeur; ce Prince ſi audacieux dans ſes
projets, ſi fier les armes à la main, vit
enfin ſon orgueil humilié ; la ſeule idée
d'un péril different de ceux qu'il bravoit
tous les jours, le conſterna, & n'ayant
plus ni aſſez de prudence, pour détourner les malheurs qui le menaçoient, ni
aſſez de courage pour y réſiſter, il eſſaya
d'obtenir du Ciel des lumieres & des ſecours qu'il n'eſperoit plus des hommes ;
deſſein louable en lui - même, mais qui
dans de telles circonſtances déceloit plus
de foibleſſe qu'il ne marquoit de religion.

X. Ce fut dans cette idée que Mahmoud entreprit de faire le *Riadhiat ;* l'on
nomme ainſi des exercices ſpirituels que

les Mahométans des Indes, qui y sont
plus attachés que ceux des autres pays,
ont introduits dans le Candahar. Voici
ce qui s'observe dans la pratique de cette
superstition. L'on s'enferme dans un endroit où le jour n'entre point ; l'on n'y
prend pour toute nourriture qu'un peu
de pain & d'eau lorsque le soleil est cou-
ché, & l'unique occupation que l'on y
ait pendant quatorze ou quinze jours que
dure cette retraite, c'est de répéter sans
cesse d'une voix tirée avec effort du fond
de la poitrine le mot *Hou*, par lequel
ces peuples désignent l'un des attributs
de la Divinité. Ces cris continuels & les
agitations de corps dont on les accompa-
gne, joints à l'insomnie & à l'inanition
qui accable le patient, le font enfin tomber en syncope, & son imagination pré-
venue & troublée lui représentant alors
des spectres & d'autres chimeres, il prend
ces foiblesses pour des extases pendant lesquelles il croit que le Démon est contraint par une puissance supérieure de dé-
voiler l'avenir à ses yeux.

1724.

Tel eſt le pénible exercice que Mahmoud entreprit en Janvier mil ſept cens
vingt-cinq. Un ſouterrain fut le lieu qu'il
choiſit pour ſa retraite, & dans les premiers jours du mois ſuivant il en ſortit ſi
pâle, ſi défait, ſi extenué que l'on avoit
peine à le reconnoître. Ce ne fut cependant pas le plus dangereux effet que pro-
duiſit cette dévotion mal entendue : la ſo-
litude toujours dangereuſe dans les grands
chagrins, le jeûne, l'inſomnie & l'ef-
frayante obſcurité de cette triſte demeure,
avoient, en lui fatiguant le cerveau, affoibli ſa raiſon ; il prenoit ombrage de
tout ce qui l'environnoit & s'imaginoit
voir dans les perſonnes qui lui étoient le
plus attachées, des meurtriers prêts à lui
percer le ſein. Ce fut dans ces conjonctures qu'on crut à Iſpahan même que Sefi-
Mirza, fils de Chah - Huſſein avoit trouvé
le moyen de s'échapper du Sérail, & qu'il
s'étoit retiré chez les Bactiaris (1). On

(1) Cette évaſion eſt rapportée comme un fait certain dans l'Hiſtoire de la Révolution, quoique le !Pere Kru-finski ne l'eût point trop aſſuré dans ſes Mémoires. Ce qu'il y a de

dit que les Persans faisoient courir ce faux bruit pour intimider leurs Tyrans, peut-être étoit-ce Mahmoud lui-même qui l'avoit fait répandre à dessein ; quoiqu'il en soit, il s'en servit comme d'un pré-texte propre à couvrir de nouvelles cruautés.

XI. Ce fameux rebelle avoit respecté jusqu'alors le sang de ses Maîtres. Un grand nombre de Princes de la famille de Chah-Hussein, tristes compagnons de sa captivité, étoient gardés avec lui dans le Sérail. On comptoit entre ces illustres prisonniers, plusieurs freres, trois oncles & sept neveux de cet infortuné Monarque.

Mahmoud dans les noirs accès d'une in-quiétude dévorante résolut de n'épargner

constant, c'est que la nouvelle en vint jusqu'à Salonique, d'où l'on m'envoya une Relation détaillée de cet événement. La prise de Latif-Kan, fils de la sœur de Chah-Hussein, qui fut, comme on le verra, enlevé par un parti de la garnison d'Amadan, & conduit ensuite à Constantinople, fut peut-être la cause de ces bruits, qui, suivant l'Interprète Géorgien, donnerent de l'inquiétude à Mahmoud.

que le Roi & de sacrifier le reste à sa sûreté. Le sept de Février fut le jour qu'il choisit pour l'exécution de ce barbare dessein : on assembla par ses ordres dans une Cour du Palais ces nouvelles victimes de ses fureurs, on leur lia les mains derriere le dos avec leurs ceintures, & le Tyran, qui ne s'étoit fait accompagner que de quelques-uns de ses confidens les plus intimes, commença lui-même à coups de sabre cette cruelle boucherie.

Il ne restoit déja plus que deux enfans, fils de Chah-Hussein, lorsque ce Monarque accourut aux cris des mourans. Ces Princes, dont le plus âgé n'avoit que cinq ans, se jettent entre les bras de leur pere, qui malgré toute l'horreur d'un tel spectacle les embrasse étroitement & s'efforce de les couvrir de son corps. Il les baigne inutilement de ses larmes, Mahmoud devenu plus furieux par tant de carnage s'avance pour les massacrer jusques dans son sein ; le Roi oppose la main au sabre & reçoit le coup qui leur étoit destiné.

Telle fut la fin de cette horrible scene ;

le fang qui couloit de la bleſſure du Roi
attendrit enfin le Tyran & le détermina
à laiſſer à ce pere infortuné deux enfans,
qui dans un âge ſi tendre ne pouvoient
de long-tems lui cauſer aucun ombrage.

Les relations les plus exactes d'ailleurs
ne conviennent point entr'elles du nombre des Princes qui périrent en cette fatale
journée ; il ne fut, ſuivant quelques-unes,
que de ſoixante à ſoixante-dix, d'autres
le font monter à cent quatre-vingt, &
même au-de-là ; tout exorbitant que paroît d'abord ce dernier nombre, l'opinion
qui l'établit n'en ſera que plus vraiſem-
blable, ſi l'on fait attention aux circonſtances ; peu d'hommes ont pouſſé auſſi
loin que Chah-Huſſein une volupté per-
miſe par ſa Religion. L'an 1701 fut nommé en Perſe *Kis-veran*, ou *l'année des
Vierges*, de la recherche qu'il fit faire
alors dans l'étendue de ſes Etats de ce
qu'il y avoit de filles d'une beauté diſtin-
guée : tout ce que des Commiſſaires prépoſés à cet examen en jugerent digne du
Haram, y fut conduit, & les Gouver-

neurs de province, prévenus de l'inclination dominante de leur Maître, continuerent jufqu'au fiége d'Ifpahan à lui envoyer en forme de préfent les plus belles perfonnes dont il puffent difpofer.

Un penchant fi marqué pour les femmes en général ne s'étoit jamais fixé en faveur d'aucune, ce qui feul fuffifoit pour rendre la famille Royale très-nombreufe : d'ailleurs ce Monarque, plus humain que fes prédéceffeurs, avoit confervé la vie à tous les Princes de fon fang, de maniere qu'en l'efpace d'un feul mois on avoit vû porter jufqu'à trente berceaux dans l'interieur du Sérail.

XII. Tous ces Princes, à l'exception de Tahmas & des deux enfans dont on a parlé, périrent ce jour-là, & une exécution fi cruelle, loin de tranquillifer Mahmoud, ne fervit qu'à aigrir les fombres vapeurs dont il étoit tourmenté. L'horreur & les remords d'une action fi barbare ne lui laiffoient plus aucun repos ; il étoit perpetuellement agité par les images les plus funeftes ; fon efprit déja affoibli par

les rigueurs de sa retraite parut alors en-
tierément troublé, & les Médecins les
plus experimentés de sa Cour ayant inutilement tenté de lui faire recouvrer la
raison, on eut recours à un reméde dont
le choix paroîtra sans doute singulier, eu
égard à la religion de ces peuples.

Dans de semblables accidens les Arméniens font réciter par un de leurs Prêtres
sur la tête du malade un Evangile qu'ils
nomment l'*Evangile rouge*. Cet usage
étoit non-seulement reçu par ces Chrétiens, mais encore par le plus grand nombre des Mahométans du pays, qui di-
soient, comme eux, que plusieurs Persans
tombés dans les mêmes accès de fureur
que Mahmoud, avoient été gueris par ce
moyen. On résolut de tenter ce miracle:
le Clergé de Julfa revêtu de ses habits
sacerdotaux, & les cierges allumés, se
rendit en forme de procession au Palais
où on le reçut avec honneur. Il en tra-
versa les appartemens entre deux files de
courtisans & de gardes, qui, par une contenance modeste & un grand silence, ex-

primoient un respect peu convenable à leur religion : la cérémonie se fit, après quoi le Clergé se retira dans le même ordre à Julfa, où il fut reconduit par un grand nombre de Seigneurs de la Cour.

L'aliénation d'esprit n'étoit pas la seule maladie de Mahmoud, il ressentoit depuis le six d'Avril des douleurs insupportables qui lui déchiroient les entrailles. Le neuviéme jour du même mois, ayant, dans un bon intervalle, appris le secours que les Arméniens avoient essayé de lui procurer, il leur envoya deux mille tomans (1) en especes, & autant en effets, promettant de leur restituer le reste de ce qu'il avoit exigé d'eux, s'il revenoit en santé. Il en usa de même à l'égard des Hollandois & des Indiens, & la crainte du péril ranimant une seconde fois en lui quelques sentimens de piété, il se recommanda également aux prieres de ces differentes nations.

Après quelques heures de relâche, on vit ce Prince dans un état encore plus ter-

____
(1) 250 mille livres.

rible :

1725.

rible : son corps se couvrit de lépre , sa chair, qui se détachoit peu à peu des os, tomboit en pourriture & la nature ne faisant plus en lui les fonctions , il commença à rendre les excrémens par la bouche.

XIII. Telle étoit l'affreuse situation de ce conquérant, lorsque l'on apprit que le Prince Tahmas s'étant avancé à la tête de quinze mille hommes jusques à Com, avoit combattu & défait près de cette Ville un corps de sept mille Aghvans, qu'un Général de cette nation, nommé Seïdal, conduisoit vers Casbin (1).

Ce n'étoit point un desir vague de profiter des conjonctures qui attiroit ainsi l'armée Persane si près d'Ispahan. Aschraf , que l'on n'observoit plus avec le même soin depuis le commencement de la maladie de Mahmoud , avoit trouvé depuis

(1) Les Aghvans, selon le Sieur Joseph, faisoient alors le siege de Com , ce qui détermine le lieu du combat. Le P. Du-Cerceau dit seulement que Seïdal marchoit vers Casbin, ce qui ne se contredit point, Com étant sur cette route.

quelque tems les moyens d'entrer en intelligence avec Tahmas ; & lorſqu'il avoit vû les choſes dans les diſpoſitions où il les deſiroit , il lui avoit mandé que le moment de remonter ſur le Thrône de ſes peres étoit enfin arrivé ; qu'il n'avoit pour cela qu'à s'avancer vers Iſpahan , où tout étoit en confuſion par la maladie de l'Uſurpateur ; qu'aux premiers bruits de ſes approches ſes amis forceroient ſa priſon , & que paſſant tous enſemble dans ſon armée , cette démarche engageroit une partie des rebelles à rentrer dans le devoir & mettroit les autres dans l'impoſſibilité de réſiſter.

Aſchraf avoit fait part de cette conſpiration à vingt-cinq Seigneurs Perſans , les ſeuls qui euſſent été épargnés dans le tems des maſſacres , & c'étoit par leur entremiſe que cette correſpondance ſubſiſtoit. Ils écrivirent en conformité à Tahmas , & comme la ſeule condition que l'Aghvan exigeoit pour lui & pour les gens de ſa faction, étoit que l'on n'attenteroit ſous quelque prétexte que ce pût être

ni à leur vie, ni à leur liberté, ni à leurs
biens ; il n'y eut aucune difficulté à la conclufion du traité. Tahmas lui envoya un
Nachlathama, c'eft-à-dire un acte dans
lequel il s'engageoit par les fermens les
plus terribles & fous peine d'encourir les
dernieres maledictions, d'obferver invio-
lablement fa parole, après quoi il s'avança jufques fous Com, où ayant rencontré
le corps d'Aghvans commandé par Seïdal,
il le battit & le mit en déroute.

Cette nouvelle difgrace allarma vivement les rebelles, quoiqu'il n'en connuf-
fent pas toutes les conféquences. Tant de
défaites détruifoient cette réputation
de bonheur & de bravoure qui faifoit
leur principale fureté ; ils fentoient toute
la néceffité de la rétablir par quelque entreprife vigoureufe ; il falloit au moins
arrêter un vainqueur qui profitant des
conjonctures, paroiffoit fe difpofer à venir les accabler jufques dans Ifpahan ; mais
le défordre que la maladie de Mahmoud
jettoit dans les affaires formoit un obfta-
cle invincible à l'exécution de femblables

projets. Dans ces circonſtances les premieres idées de révolte ſe réveillerent, &
l'on ne parla bien-tôt plus que de la néceſſité de ſe nommer un nouveau Maître.

XIV. Un deſir de vengeance avoit fait
d'Aman-Ola, premier Miniſtre & Géné-
raliſſime du Sultan, le plus ardent des
Chefs qui formoient ces ſéditions. A peine il avoit été de retour à Iſpahan, qu'il
s'étoit apperçu qu'on le gardoit à vûe,
& cette précaution auſſi prudente qu'in-
jurieuſe l'avoit piqué juſqu'au point que
lorſque Mahmoud étoit revenu de l'ex-
pedition du Cohkilan, il avoit refuſé
avec opiniâtreté d'aller au-devant de lui.
Il ſe flattoit cependant alors que ce Prince lui laiſſeroit doreſnavant plus de liberté ; mais il ne fut pas long-tems à revenir
de cette erreur, car étant un jour ſorti
de la ville avec une ſuite nombreuſe pour
aller faire ſes prieres ſur le tombeau de
ſon frere, Mahmoud qui craignoit que
ſous de ſemblables prétextes il ne lui
échappât une ſeconde fois, envoya après
lui un de ſes Officiers, qui, par ſon or-

1725.

dre, perça fous le ventre d'un coup de lance le cheval que ce Général montoit.

Le fier Aman-Ola ne crut pas devoir diffimuler le dépit que lui caufoit un affront fi fenfible, dès qu'il fut de retour chez lui, il tua de fa propre main les plus beaux chevaux de fes écuries, & il alloit peut-être donner des marques plus dangereufes de fon reffentiment, lorfque Mahmoud vint lui-même pour l'appaifer. Ils fe reconcilierent en apparence dans cette entrevûe, & le Sultan lui ayant dès ce jour-là entiérement rendu la liberté, Aman-Ola réfolut de s'en fervir pour le perdre.

Il ne pouvoit en trouver une plus belle occafion : fon fuffrage acheva de déterminer les efprits ; & le confeil & l'armée convinrent unanimement de la néceffité d'élire un nouveau Souverain.

Ce choix devoit naturellement tomber fur Huffein-Kan, frere de Mahmoud ; mais il étoit en Candahar où il commandoit au nom du Sultan, & la fituation des affaires ne permettoit pas d'attendre qu'il vînt d'un pays si éloigné. Cette raison fut la cause ou le prétexte de son exclusion ; & Afchraf ayant ensuite été proposé , il fut élû d'un consentement unanime.

Dès le même moment les troupes prirent les armes pour tirer le nouveau Roi de la prison où il étoit enfermé. Elles courent en foule au palais Royal ; cinq cens Afdalis qui composoient la garde de Mahmoud se disposent à leur en disputer l'entrée ; le combat dure une heure entiere, & le nombre ayant enfin décidé de la victoire , Afchraf est mis en liberté & salué comme Roi de Perse au bruit des acclamations de ses liberateurs.

Cette révolution arriva le 22 Avril de cette même année mil sept cens vingt-cinq. Afchraf, sous le prétexte spécieux de venger la mort de Mir-Abdoullah son pere , ne voulut pas monter sur le thrône qu'on ne lui eût apporté la tête de Mahmoud. Ce Prince subit cet arrêt sans connoître son malheur (1) : il étoit tombé

(1) Le Pere Jerôme & quelques autres disent qu'il fut étranglé.

1725.

dans une si horrible manie qu'il se déchiroit toutes les parties du corps où il pouvoit porter les dents. Cette fureur duroit depuis sept jours, & il étoit sur le point d'expirer des blessures qu'il s'étoit faites en se dévorant lui-même, lorsqu'on vint terminer sa vie & ses tourmens.

XV. Ainsi périt dans la vingt-septiéme année de son âge ce nouveau destructeur d'une des plus belles parties de l'Asie. La Nature en le formant lui avoit refusé les avantages qui semblent annoncer un grand homme. Il étoit d'une taille médiocre & ramassée, son col étoit si court que sa tête paroissoit poser immédiatement sur ses épaules : il avoit le visage large, le nez enfoncé, les yeux bleus & un peu louches, la barbe peu fournie & d'une couleur qui tiroit sur le roux ; son regard étoit farouche, sa phisionomie rude & desagréable : sa contenance la plus ordinaire étoit de fixer les yeux à terre, comme un homme qui réve profondément.

Il s'étoit attaché dès sa plus tendre jeunesse à faire suppléer l'habitude au peu de dispositions qu'il avoit naturellement pour les exercices du corps, & il y avoit si bien réussi que peu de gens l'emportoient sur lui, soit à lutter, soit à s'élancer sur un cheval, soit à darder le *girid* ou javelot. Il s'entretenoit avec soin dans ces exercices, & pour ne rien perdre de la force & de l'adresse dont il manioit le sabre, il se faisoit apporter tous les jours quelques moutons liés par les pieds, & les frappant au milieu du corps, il les partageoit en deux d'un seul coup.

A ces talens assez ordinaires au commun de sa nation, il avoit joint quelques vertus plus dignes d'un Souverain. Jamais homme ne mérita moins les reproches de mollesse que ses soldats avoient osé lui faire. Il fut toujours très-sobre & d'une si grande continence que l'on tient qu'il n'eut jamais de commerce avec d'autres femmes que la sienne : il dormoit peu & couchoit toujours sur la dure lorsqu'il étoit à la guerre ; il poussoit la vigilance jusqu'à visiter lui-même les sentinelles pendant la nuit, non-seulement en campagne, mais

1725.

encore dans Ispahan: enfin il étoit infati-
gable dans les travaux, intrépide dans les
dangers, & ce qui convient plus particuliérement à l'honnête-homme qu'au Conquérant, il fut toujours si exact observa-
teur des droits de l'amitié, qu'ayant juré
la sienne à Aman-Ola, il eut de grands
égards pour lui dans le tems même qu'il
voyoit clairement que ce Général travailloit à le perdre.

Ces belles qualités le firent respecter de
ses troupes, mais il en étoit trop craint
pour en être aimé. Ses soldats lui faisoient
un crime d'une sévérité peut-être nécessaire; ils l'accusoient d'ailleurs de leur avoir
enlevé plusieurs fois par avarice un butin
qui devoit être la récompense de leur courage, & ils ne pouvoient lui pardonner
d'avoir dit dans les premiers mouvemens
de l'indignation qu'il conçut contre eux
après la défaite d'Yezd, qu'il auroit voulu qu'ils fussent encore aussi pauvres qu'a-
vant leur entrée en Perse. Ils pouvoient
lui reprocher avec autant de raison le défaut de conduite qui le faisoit échouer

K v

devant toutes les places qu'il attaquoit ; fa cruauté à l'égard de fes ennemis, fon peu de fermeté dans les difgraces, & jufqu'à la témérité qui lui avoit fait entreprendre fans nulle précaution la conquête d'Ifpahan, fi le fuccès n'avoit pas juftifié une fi grande imprudence.

Tel fut un homme que la pofterité éblouie par la grandeur de l'événement, mettra peut-être au rang des Héros. Il n'occupa que deux ans & demie le Thrône de Perfe, & fi ce regne ne fut pas trop long pour fa gloire, du moins il eft conftant que ce Prince mourut à propos pour l'interêt de fa nation. Cette valeur bouillante & peu mefurée qui faifoit le fond de fon caractere, n'étoit propre qu'à faire une pareille conquête, il falloit pour la conferver bien d'autres qualités qu'il n'avoit pas.

XVI. Elles fe trouvoient prefque toutes réunies en la perfonne d'Afchraf, que l'on regardoit avec juftice comme l'homme de fa nation le plus propre à fe maintenir fur le Thrône. Il étoit né fobre, courageux, actif & vigilant. Formé de bonne heure par les disgraces, en acquerant toutes les qualités d'un Prince habile, il avoit appris à affecter toutes les vertus d'un honnête-homme ; il passoit d'ailleurs parmi ces peuples peu versés dans le métier de la guerre, pour un Général consommé ; enfin Aschraf joignoit au phlegme & à la politique de Mir-Veis la valeur & les autres vertus militaires de Mir-Mahmoud.

La résistance que les gens de sa faction avoient éprouvée au Palais royal fut le prétexte dont ce nouveau Sultan se servit pour se débarrasser d'une partie de ses ennemis. Dès le même jour il fit faire main-basse sur les gardes de son prédécesseur ; tous périrent sans exception, & les Confidens & les Ministres de ce Prince enveloppés dans cette disgrace subirent en même tems le même sort.

Le Coullar - Agassi, nommé Almas, trop attaché à Mahmoud pour se flatter de n'être pas du nombre des proscrits, essaya vainement de se sauver par la fuite.

Les gens qui eurent ordre de courir après
lui l'arrêterent, & l'ayant ramené à Ispahan, on l'appliqua à la torture pour le
forcer à indiquer les trésors que l'on présumoit qu'il avoit cachés. L'infortuné Almas soutint ces tourmens avec constance,
& dès que les bourreaux l'eurent abandonné, il tua sa femme & se poignarda
lui-même, pour se délivrer du supplice &
des indignités dont il étoit menacé.

De tous les Officiers à qui Mahmoud
avoit accordé sa confiance, aucun ne faisoit plus d'honneur à son choix. Il ne s'é-
toit jamais servi de l'ascendant qu'il avoit
sur l'esprit de son Maître que pour adoucir la férocité de son naturel & le détourner de ces résolutions barbares qu'il ne
formoit que trop souvent. Il avoit l'ame
aussi génereuse que compatissante ; l'on
citoit mille exemples de sa liberalité, &
bien loin de chercher à accumuler des trésors, il refusoit même de recevoir des présens, maniere de s'enrichir si autorisée en
Asie par l'usage. Les Européans qui le regardoient comme leur protecteur, les Agh-

vans & les Naturels du pays furent presque également affligés de sa mort ; Aschraf
même en fut touché, ou du moins il affecta de le paroître, pour éviter une partie du blâme que le sort d'un homme si
généralement estimé devoit répandre sur
les commencemens de son Regne.

XVII. La démarche extraordinaire qu'il
fit ensuite effaça bientôt ces premieres impressions. Il fut trouver Chah-Hussein, &
s'étant étendu sur ce que l'ambition de
Mahmoud avoit de blâmable, il le pressa
de remonter sur un Thrône que nul autre
que lui ne pouvoit occuper sans crime.
Ce Monarque n'étoit pas né défiant, mais
sa situation le rendant circonspect, il dé-
couvrit sans peine l'artifice de ce nouveau
Tibere. Il répondit qu'il respectoit trop
le décret de la Providence qui l'avoit forcé à abdiquer le Pouvoir suprême, pour
accepter des offres qu'une générosité sans
exemple lui suggéroit ; que le Ciel en le
faisant descendre du Thrône lui avoit ouvert les yeux sur la vanité des grandeurs,
& que depuis il avoit toujours préferé les

obscures douceurs de sa retraite au sort brillant, mais toujours mêlé d'amertume, dont il avoit joui autrefois. Il se plaignit cependant ensuite du peu de considération que Mahmoud avoit témoignée pour sa personne & pour ses besoins, & de la cruauté dont il en avoit usé envers sa famille; il pria le nouveau Sultan d'avoir plus d'égards pour lui, & finit en l'invitant à épouser, à l'exemple de son prédécesseur, une des Princesses ses filles.

Chah-Hussein s'étant vû par cette conduite artificieuse dans la nécessité de placer lui-même son ennemi sur le Thrône, accorda sans hésiter un acte autentique de cette cession. Aschraf prit alors le titre de Roi, & pour lui faire connoître les égards qu'il avoit pour ses représentations, il lui assigna pour ses menus plaisirs cinquante tomans (1) par semaine, ce qui étoit la pension que l'on payoit avant cela par mois à ce Monarque; il lui donna la Direction des bâtimens commencés dans

____
(1) 6250 livres.

l'enceinte du Palais, & ayant répudié sa femme, il épousa une des Princesses ses filles.

Aschraf fit, peu de tems après, une action qui n'étoit pas moins propre à rendre la mémoire de son prédécesseur odieuse qu'à adoucir les chagrins de ce pere infortuné. Les cadavres des Princes étoient encore étendus dans la même cour où ils avoient été massacrés, il les fit enfermer dans des cercueils magnifiques, & ayant été mis sur des brancards portés par des chameaux de ses écuries, il donna ordre qu'on les conduisît avec pompe à Com, lieu de la sépulture des derniers Rois de Perse.

Cette triste caravane étoit chargée de riches tapis destinés à la décoration des mausolées, & de mille tomans (2) qui devoient être distribués aux Santons & pauvres du lieu. Elle fut reçue aux portes du Palais par les peuples qui la suivirent avec toutes les marques de la plus profonde douleur jusqu'à l'extrémité des

______

(2) 125 mille livres.

fauxbourgs ; après quoi continuant sa route , elle arriva sans accident au lieu de sa destination , où les pleurs & les gémissemens recommencerent.

Le Persan qui commandoit dans Com au nom de Tahmas , crut devoir attendre les ordres de ce Prince pour faire déposer les corps dans la Mosquée ; cependant il témoigna beaucoup d'égards pour les Officiers Aghvans qui avoient accompagné le convoi ; mais se conformant à l'usage où l'on est en Perse de maltraiter les porteurs de mauvaises nouvelles , il fit arracher les yeux à un Georgien que l'on avoit sacrifié à cette barbare coutume , en le nommant conducteur de cette pompe funebre.

XVIII. Il n'y avoit pas encore huit jours qu'Aschraf regnoit , lorsqu'il donna à connoître par une action aussi hardie que prudente qu'il jugeoit son autorité affermie. Il fit arrêter à la fois tous ceux qui étoient entrés dans la conspiration qui l'avoit placé sur le Thrône , & affectant plus d'équité que de gratitude , il les dépouilla généralement de leurs biens, en fit mourir une partie, & retint les autres en prison.

Il est aisé de voir que sous ombre d'une justice exacte, ce Prince travailloit en cela à sa propre sûreté, mais il avoit encore un autre but. Les principaux de sa nation étoient du nombre des Conjurés, & non content de s'assurer ou de se défaire de tout ce qu'il y avoit de gens dans l'armée dont le génie inquiet & remuant pouvoit lui causer quelque ombrage, il cherchoit encore à grossir la Caisse royale des biens immenses que ces mutins avoient acquis depuis la prise d'Ispahan.

Le fier Aman-Ola qui avoit osé prétendre à partager le Thrône avec Mahmoud, fut du nombre de ceux qui périrent en cette occasion ; son audace & ses richesses assuroient également sa disgrace. Il étoit, comme on l'a vû, Généralissime & premier Ministre de l'Usurpateur, & ces dignités l'ayant mis à même de satisfaire son avarice, l'on tient que ses trésors égaloient ceux des plus puisfans Princes. Cette circonstance en paroîtra plus vraisemblable lorsque l'on sçaura que les seuls présens qu'il reçut à son entrée dans le Ministere, montoient à neuf mille tomans (1), & qu'il avoit obtenu la confiscation des biens de la plupart des Seigneurs Persans que l'on avoit massacrés sous le dernier regne.

Un Indien de Cabul, autrefois Gouverneur du feu Sultan, qui l'avoit ensuite élevé à la dignité de *Miangi* ou *Grand-Pontife*, étoit, après Aman-Ola, l'homme le plus riche de la nation. Sa prudence & la force de son génie le faisoient passer pour un nouveau Zoroastre parmi le peuple crédule, qui frappé de cette idée, croyoit devoir à ses prestiges une partie des succès de cette guerre. La vénération que Mahmoud lui témoignoit augmentoit encore le crédit que lui donnoit un tel préjugé : ce Prince ne faisoit rien que par ses avis, il regardoit ses décisions comme des oracles, & continuant d'en user comme dans le tems qu'il étoit

(2) Un million 125 mille livres.

fous fa conduite, il alloit au-devant de
lui les bras croifés par refpect fur la poitrine, il lui baifoit la main, & ne prenoit fa place que quand cet Indien étoit
affis.

Ces circonftances ne laiffent aucun lieu
de croire que le Miangi fût entré dans
la confpiration, il n'en fut effectivement
pas même foupçonné, mais fes richeffes
lui tinrent lieu de crime ; cependant par
un refte de juftice, Afchraf fe contenta
de les confifquer : il promit même de le
renvoyer à la premiere occafion en Candahar avec autant de biens qu'il lui en
falloit pour y paffer tranquillement le refte
de fes jours.

XIX. La gloire que Zeberdeft-Kan s'é-
toit acquife au fiege de Chiras, & la fa-
geffe avec laquelle il s'étoit conduit dans
cette Ville dont Mahmoud lui avoit donné le Gouvernement, l'exempterent en
partie de la difgrace commune. Il fut arrêté & dépouillé de fes biens comme les
autres (1), mais le Sultan à qui fa modé-

(1) Le Pere Reynal, fans parler de la confif-

ration & sa capacité dans la guerre étoient connues, le renvoya bientôt après dans sa place avec une remise de vingt mille tomans (2), à prendre sur ce qu'il lui avoit confisqué.

Ce Général fut le seul des prisonniers à qui l'on rendit la liberté; & de tout ce qu'il y avoit de gens de quelque considération à l'armée & à la Cour, il n'y eut que Seïdal, ce même Officier que Talimas avoit battu depuis peu, & Mehemed-Nischan (3), grand-Maître des Cérémonies, que l'on n'inquieta ni en leur personne, ni en leurs biens.

Des raisons trop puissantes sollicitoient en faveur de ce dernier, pour qu'il ne dût pas s'attendre à être excepté de la régle générale. De tout tems il avoit été l'ami

cation, dit qu'*il fut conservé & maintenu dans tous ses privileges & honneurs.*

(2) Deux millions 500 mille livres.

(3) On lit dans l'Histoire de la Révolution *Machmet de la Nation* des *Bolvoz*, c'est-à-dire probablement, suivant l'orthographe de l'Auteur Polonois, des *Bolouz*, ou Boulouchs. L'on verra que ce doit être le Mehemed-Nischan de l'Interpréte Géorgien.

d'Afchraf, & cette circonftance avoit fait jetter les yeux fur lui pour engager ce Prince, lors de fa retraite en Candahar, à condefcendre aux defirs de l'armée entiere qui demandoit fon retour. C'étoit-là le principal motif du voyage que Nifchan avoit eu ordre de faire en 1723. Il étoit né éloquent & ne pouvoit être fufpect; il fe fervit de ces avantages pour porter Afchraf à une démarche qui le mit peu de tems après en poffeffion du Thrône.

La mere de Mahmoud avoit beaucoup contribué par fes inftances au fuccès de cette négociation. Cette Dame qui n'avoit pas dédaigné d'époufer un fimple Officier de Janiffaires, n'avoit encore pû fe réfoudre à quitter fa patrie; la longueur & les incommodités de la route l'avoient toujours détournée de ce deffein; mais voyant le Prince fon neveu fur le point de fe mettre en marche, le defir de revoir fon fils dans tout l'éclat de fon nouveau rang, la détermina enfin à ce voyage. Les Perfans, fi accoutumés au fafte, virent alors avec une furprife extrême la veuve du fameux Mir-Veis, mere de leur Souverain, arriver fur l'un des chameaux de la caravane dans la Capitale de fon fils, fans officiers, fans femmes & fans valets (4).

Les inftances par lefquelles cette Dame avoit engagé Afchraf à retourner à Ifpahan n'étoient pas la feule marque d'affection qu'elle lui eût donnée, puifque, comme on l'a vû, ce n'étoit qu'à fa follicitation que Mahmoud avoit laiffé la vie à ce Prince. Cependant elle eut bientôt lieu de craindre qu'il n'en eût perdu la mémoire, car il ne fut pas plutôt fur le Thrône, que pour la punir du refus qu'elle avoit

(4) *Elle arriva à Ifpahan montée fur un chameau, qui hors d'une houffe d'écarlate, n'avoit rien de plus que les autres. Ce fut fur cette monture, & fans aucune fuite, ni de femmes, ni d'officiers, ni de valets, qu'on vit paffer au travers du Meïdan, où donne la principale porte du Palais, la mere du nouveau Roi, à demi-nue & fort déguenillée dans le peu d'habits qu'elle portoit, mordant de grand apetit dans une rave qu'elle tenoit à pleine main. Ce détail tiré de l'Hiftoire de la Révolution prouve de refte que le Sieur Jofeph s'eft trompé, en difant que cette Princeffe étoit morte.*

fait de demander qu'il fortît de prifon, il
la fit enfermer pendant une nuit entiere
dans la cour du Palais où les corps des
Princes maffacrés par fon fils étoient étendus ; mais comme fon deffein n'étoit pas
de pouffer plus loin fa vengeance, il fe
comporta dès le lendemain d'une maniere
toute différente, car il la raffura avec bonté & donna ordre qu'elle fût traitée con-
venablement à fon rang, jufqu'à ce qu'elle partît pour Candahar, où il lui promit de la renvoyer avec des richeffes confidérables.

XX. Afchraf témoigna encore plus de
févérité à l'égard de fon propre frere. Ce
Prince, qui étoit fon cadet, craignant
que, fuivant l'ufage de Perfe, on ne le
confinât dans le Sérail, tenta de fe fauver en Candahar, mais il fut arrêté &
conduit devant le Sultan qui, après l'a-
voir fait priver de la vûe par le moyen
d'une lame d'or ardente qu'on lui paffa fur
les yeux, le fit enfermer dans le lieu
pour lequel il avoit tant d'éloignement.
Un fils que Mahmoud avoit laiffé au ber-

ceau, fut traité de la même maniere, &
la mere qui étoit enceinte, n'ayant fur-
vêcu que de huit jours au Sultan fon
époux, l'on ne douta point que cette Princeffe n'eût été empoifonnée par les ordres
du nouveau Roi.

Tant de cruautés n'alienoient cependant
point l'efprit des peuples. Ils regardoient
le malheur de ces Princes & le maffacre
des Gardes, des Miniftres & des Favoris
de Mahmoud comme les effets d'une prudence néceffaire & autorifée par l'ufage:
la juftice qu'il y avoit à punir les Conjurés, prétexte dont on s'étoit fervi pour
fe défaire du refte des Grands qui pouvoient être fufpects, & pour dépouiller
les autres de leurs biens, faifoit paffer
cette action pour un trait de générofité
louable par lui-même; ainfi le nouveau
Sultan fe débarraffa de ce qu'il y avoit
de gens dans fa nation en état de lui nui-
re, & s'empara de prefque toutes les richeffes provenues du pillage d'Ifpahan,
fans perdre cette réputation de modération & d'équité que la maniere artificieu-
fe

se dont il s'étoit conduit à l'égard de Chah-Huſſein lui avoit acquiſe.

C'étoit-là le principal objet d'Aſchraf. Il vouloit ſe faire aimer, non-ſeulement de ſa nation, mais encore, s'il étoit poſſible, de ce qui reſtoir de Perſans. Dans cette idée, il avoit fait diſtribuer à ſon avenement au Trône juſques à vingt piaſtres par tête à ſes ſoldats (1), & il établit une police ſi exacte dès les premiers momens de ſon regne, que les boutiques furent ouvertes par ſes ordres dès le ſoir même de la mort de ſon Prédeceſſeur, ſans que les propriéraires en ſouffriſſent. C'eſt dans cette même vûe que ſe contentant de faire rapporter au tréſor les ſommes que Mahmoud avoit reſtituées pendant ſa maladie, ſous prétexte que ce Prince étoit alors en délire, il n'impoſa aucune taxe ni ſur les naturels du pays,

(1) Le Sieur Joſeph ne s'eſt ſervi de cette dénomination peu connue en Perſe, que parce qu'il écrivoit à Conſtantinople. La piaſtre Turque valoit & vaut encore à peu près un écu. C'étoit donc un toman par tête, car il n'a évalué le toman que ſur le pied de vingt de ces piaſtres.

ni fur les Négocians étrangers.

XXI. Ce Prince ayant ainſi affermi ſon autorité dans ſa Capitale, porta enfin ſes vûes ſur les affaires du dehors. Le premier de ſes ſoins fut d'eſſayer de ſe faire reconnoître en Candahar. Il y envoya ſécretement pluſieurs de ſes Officiers avec ordre de ſe joindre à ce qu'il avoit de Partiſans dans le pays pour exciter de concert quelque ſoulevement, à la faveur duquel on pût s'aſſurer ou ſe défaire de Huſſein-Kan, frere de l'Uſurpateur. L'on ne ſçait quelles furent les démarches que ces émiſſaires firent à cette occaſion; mais il eſt conſtant que cette entrepriſe ne fut ſuivie d'aucun ſuccès.

Aſchraf ne réuſſit pas mieux dans un projet plus important encore. A peine il étoit paſſé de la priſon ſur le Thrône, que ſe conformant à ce changement de fortune, il avoit réſolu de ſe ſervir de la liaiſon qu'il s'étoit ménagée avec Tahmas pour ſe débarraſſer de ce concurrent. Dans cette idée, non content d'avoir preſſé Chah-Huſſein de reprendre le Gouverne-

1725.

ment de ses Etats, il envoya une Ambaſſade magnifique au Prince ſon fils, pour
lui faire à peu près les mêmes propoſitions.
Ses Miniſtres avoient ordre de lui expliquer ce qui s'étoit paſſé à ce ſujet, de lui
perſuader que leur Maître perſiſtoit toujours dans ces ſentimens de modération,
& de le prier de lui aſſigner un lieu où il
pût s'aboucher avec lui, afin que réglant
leurs intérêts par eux-mêmes, ils priſſent
de concert les meſures convenables pour
rétablir la paix & l'ordre dans l'Empire.
Dix chevaux enharnachés comme ceux
que montent les Rois de Perſe, étoient le
préſent qu'ils étoient chargés de lui offrir.

L'artificieux Sultan envoya en même-
tems des lettres circulaires dans toutes les
places qui reconnoiſſoient encore l'autorité de ce Prince, pour notifier cette démarche pacifique à ceux qui y commandoient, & pour les aſſurer en conſéquence
que les Aghvans ne commettroient aucun
acte d'hoſtilité avant cette entrevue.

Pendant que les Ambaſſadeurs étoient
en marche, Tahmas qui ignoroit encore

la mort de Mahmoud , s'étant avancé jufques près Cachan , y retrouva Seïdal, qui,
fe flattant d'avoir fa revanche , s'avançoit
à la tête d'un corps de troupes plus nombreux que celui avec lequel il avoit été battu. Ces deux petites armées s'attaquerent
avec vigueur ; mais la fortune s'étant déclarée une feconde fois contre les Aghvans,
ils furent contraints de ceder , & cette défaite fut même plus complette que la précédente.

Un évenement imprévû confola Afchraf de cette difgrace. Les vingt-cinq Seigneurs Perfans dont on a parlé s'étoient ha-
zardé d'écrire en commun à Tahmas pour
l'informer de la mort de l'Ufurpateur &
de ce qui s'étoit paffé depuis ce jour-là à
Ifpahan ; & comme ils craignoient avec
raifon que le vrai motif de l'entrevûe pro-
pofée ne fut d'engager ce Prince , dans
quelque mauvais pas, ils lui expofoient
naturellement leur défiance & l'exhor-
toient à fe tenir fur fes gardes.

Les porteurs de ces dépêches furent mal-
heureufement pour Tahmas , arrêtés par

1725.

quelques fuyards, & ayant été conduits à
Seïdal, ce Général s'assura de leur personne & remit à son arrivée à Ispahan entre
les mains d'Aschraf les paquets qu'on leur
avoit enlevés.

La crainte de se faire taxer de cette
cruauté qui rendoit la mémoire de son prédécesseur si odieuse, étoit le seul motif qui
avoit engagé le Sultan à laisser vivre jusqu'alors les Auteurs de ces lettres. Il
croyoit essentiel à sa sureté d'exterminer ce
reste de noblesse, & d'ailleurs il lui étoit
important de se défaire de gens qui pouvoient informer Tahmas de toutes ses démarches : il saisit donc avec joye une occasion si plausible de s'en débarasser. Il les
assembla tous sous prétexte d'une partie de
chasse dans sa maison de plaisance de Ferhabad, & les ayant convaincus de cette intelligence avec ses ennemis, il les condamna à perdre la tête ; Sentence qui fut exécutée sur le champ (1).

(1) J'ai suivi principalement en ceci le P.
Du-Cerceau. Le Pere
Reynal dit, & peut-être
avec raison, que cette
execution se fit après
que Tahmas eut échappé au piege qu'on lui
tendit dans la plaine de
Tehran.

XXII. Sur ces entrefaites les Ambassadeurs revinrent, & l'on sçut que Tahmas, qui s'étoit retiré vers Casbin, avoit choisi une plaine située entre Com & Tehran pour le lieu de l'entrevûe. Aschraf à cette nouvelle se mit en marche avec un corps de douze mille hommes, & étant arrivé le premier au rendez-vous, il eut le tems de prendre tous les arrangemens convenables au dessein qu'il méditoit.

Le Prince de son côté s'avançoit sans défiance avec trois mille hommes seulement, & sa bonne foi l'alloit précipiter dans le piége que son ennemi lui tendoit, lorsquil apprit qu'Aschraf se faisoit suivre par un corps de troupes bien plus nombreux que celui dont ils étoient mutuellement convenus de se faire escorter.

Cet avis ayant ouvert les yeux à Tahmas, il s'arrêta pour déliberer sur le parti qu'il y avoit à prendre. Il ne pouvoit douter de la supériorité en nombre des Aghvans, mais le désir de se vanger de leur perfidie, & la confiance que lui inspiroient les deux victoires qu'il venoit de remporter, le déterminant à passer sur cette considération, il avoit déja donné ses ordres pour un combat si inégal, lorsqu'un incident auquel il ne s'étoit point attendu, l'obligea de renoncer à une résolution si dangereuse.

Le corps de troupes qu'il avoit amené étoit composé de deux différentes especes de milice, de *Kezelbachs* ou *Têtes-rouges*, ainsi nommés de la couleur du bonnet qu'ils portoient autrefois & de *Cagiars*. Ces derniers qui en formoient la partie la plus nombreuse cherchant à tirer avantage du besoin que l'on avoit d'eux en cette occasion, voulurent exiger du Prince qu'en considération des services qu'ils avoient déja rendus, & de ceux qu'ils étoient près de lui rendre, l'Athemat-Doulet seroit à l'avenir tiré de leur corps; les Kezelbachs s'opposerent vivement à une innovation qui devoit donner aux Cagiars tant d'avantage sur eux. Cette dispute divisa dans le moment cette petite armée en deux partis opposés, de maniere que Tahmas, dont l'autorité étoit trop foible pour leur en imposer, fut forcé d'abandonner son premier dessein.

XXIII. Ce Prince se voyant ainsi hors d'état de combattre, voulut au moins s'assurer de la trahison. Dans cette idée il ne se réserva que mille hommes, & ordonna à un de ses Lieutenans d'aller avec les deux mille autres reconnoître la contenance des rebelles. Aslan-Kan (1), c'est ainsi que se nommoit ce Général, eut bientôt des preuves certaines de ce qu'il souhaittoit de découvrir. Les Aghvans, déja bien au-de-là des limites convenues, continuoient leur marche, & le grand nombre & la disposition de leurs troupes achevant de faire connoître que leur dessein étoit d'enveloper le Prince, Aslan envoya à toute bride quelques cavaliers pour lui dire qu'il n'y avoit qu'une prompte fuite qui pût le dérober au danger dont il étoit menacé.

Un conseil si pressant ne pouvoit arriver plus à propos; car Aschraf informé par ses espions du lieu où étoit le Prince,

(1) *Aslan* signifie *Lion*.

1725.

avoit détaché un corps de deux mille cinq cens hommes, qui ayant fait un long détour pour se couvrir de quelques collines, étoit dans ce moment sur le point de lui couper le chemin de la retraite. Tahmas voyant alors toute l'étendue du péril où sa crédulité l'avoit jetté, n'hésita point à abandonner ses troupes, & se sauva au grand galop suivi de deux cens hommes seulement.

Aslan investi de tous côtés par l'armée des rebelles, s'étoit mis cependant en devoir de soutenir leurs efforts. Le combat fut long & opiniâtre, il les repoussa même deux fois avec vigueur, mais forcé de ceder au nombre, il alloit enfin en être accablé, lorsque la nuit qui survint sauva ce Général & ceux de ses gens qui étoient encore en état d'échaper à la cruauté du vainqueur (2).

Les Aghvans n'oserent, pour les suivre,

(2) Le Sieur Joseph parle de cet événement comme d'un combat prémédité, ce qui est moins vraisemblable. M. Desroches dit seulement que l'armée de Tahmas fut battue & dispersée.

s'engager de nuit dans des montagnes qu'ils ne connoiſſoient pas ; ainſi Aſlan arriva ſans obſtacle le même jour deuxiéme d'Août à Tehran. Tahmas qui s'y étoit retiré, craignant que l'ennemi ne vînt l'y chercher dès le lendemain, donna à peine quelques momens de repos à ſes troupes, après quoi, s'en ſervant comme d'eſcorte, il continua ſa courſe avec tant de diligence, qu'il étoit avant le lever du Soleil à ſix lieues de cette Ville ſur le chemin du Mazanderan. Ce fut dans cette Province, que l'âprêté des montagnes qui l'entourent a rendu plus d'une fois l'azile de ſes Rois, que ce Prince ſe refugia ſuivi du fidele Aſlan, & du petit nombre de ceux dont les chevaux avoient pû réſiſter aux fatigues d'une marche ſi précipitée.

XXIV. L'évenement fit bientôt connoître la ſageſſe de cette conduite. Aſchraf perſuadé que Tahmas étoit encore à Tehran, réſolut effectivement de le ſurprendre avant qu'il eût le tems d'en ſortir. Dans cette idée il força quelques payſans à lui ſervir de guides, & ſe rendit avec ſon armée fous les murs de cette Ville deux heures avant le jour. Elle fut auffi-tôt atta-quée qu’inveftie, & dans le chagrin que lui cauferent les nouvelles du départ du Prince, il ne négligea rien pour s’en ren-dre le maître (1), mais les affiégés fe com-porterent toujours avec tant de valeur, qu’ils l’obligerent enfin à tourner fon ref-fentiment fur d’autres objets.

Afchraf piqué de cette difgrace fe re-plia tout à coup fur Sava qui fe rendit par compofition. Il marcha enfuite vers Com, place confidérable & devant laquelle il au-roit probablement échoué, fi le défaut de vivres n’avoit forcé les habitans à capituler après huit jours de fiége. Le Sultan plus politique que fon prédéceffeur obferva fi-delement les conditions de ces différens traités ; cependant une artillerie de vingt pieces de canon, deux lions, trois elé-phants, le tréfor de Tahmas, une partie de la Cour & la femme même de ce Prin-ce qui étoient tombés en fa puiffance par la réduction de Com, ne pouvant le con-

(1) Le Pere Reynal dit qu’elle fut prife.

L vj

foler du peu de fuccès de fes artifices, il s'en retourna à Iſpahan , auſſi mortifié d'avoir manqué fon rival, qu'inquiet des nouvelles entrepriſes de la Cour Othomane.

Fin du ſeptiéme Livre.

SOMMAIRE
DU
HUITIE'ME LIVRE.

I. *Mort du Czar. Arrivée de son Envoyé. Déclaration du Grand Visir.* (1) *Préparatifs de guerre. Etat de la Perse* (2).

(1) Mem. de Cath. 225. Mem. particul.
(2) Mem. partic. M. d'Alion, *Lett.*

II. *Mouvemens & division des Lesghis* (1). *Conduite d'une Sultane* (2). *Sédition dans les troupes d'Arifi-Ahmed* (3). *On lui en ôte le commandement* (4). *Succès des Turcs* (5). *Echec précédent* (6). *Ils s'emparent de deux places. Disgrace de Latif-Kan* (7). *Prédiction accomplie* (8). *Traitemens qu'on lui fait* (9).

(1) Mem. partic. M. d'Alion, *Lett.* (2) M. Thomas. (3) *Ibid.* Mem. partic. M. d'Alion, *Lett.* (4) M. d'Alion, *Lett.* (5) M. Thomas. (6) M. d'Alion, *Lett.* (7) *Ibid.* M. Thomas. (8) M. d'Alion, *Lett.* (9) M. Thomas.

III. *Préparatifs contre Tauris. Nombre des deffenseurs de cette Ville* (1). *Précaution*

(1) M. d'Alion, *Lett.*

qu'ils prennent (2). *Tartares* (3) & *au-*
tres Troupes qui devoient joindre l'ar-
mée (4). *Datte de son arrivée* (5). *Sortie*
nombreuse (6). *Conduite du Pacha* (7).
Combat & ses suites (8). *Capitulation.*
Pertes. Licence & ses restrictions (9). *Mas-*
sacre de Chrétiens (10). *Bonne foi & pro-*
messes du Général (11).

(2) Joseph, I. *Rel.*   (3) Mem. partic. M. d'A-
lion, *Lett.* M. Thomas. (4) M. Desroches. (5) Joseph, II. *Rel.*   (6) *Ibid.* M. Desroches. M.
d'Andrezel. M. d'Alion, *Lett.*   (7) Joseph, II.
Rel.   (8) *Ibid.* M. Desroches. M. d'Andrezel.
(9) Joseph, II. *Rel.*   (10) Joseph. (11) M. Desroches.

IV. *Emportement du* G. S. *Mutinerie dans*
le Sérail (1). *Réjouissances publi-*
ques (2). *Description de Sadiabad* (3).
Mort du Selictar-Aga (4).

(1) Mem. partic.   (2) *Ibid.* M. Desroches.
(3) Mem. partic.   (4) *Ibid.* M. Desroches.

V. *Réduction d'un Château & de trois Vil-*
les (1). *Prise de Gandja* (2) *par capi-*
tulation (3). *Entreprise contre les Les-*
ghis (4). *Son peu de succès* (5). *Réjouis-*

(1) Joseph, II. *Rel.* M. Desroches. M. d'A-
lion, *Lett.* M. Thomas. (2) Joseph, II. *Rel.*
(3) Joseph, *Not.* Revol. II. 354.   (4) Joseph,
II. *Rel.* M. Thomas. (5) Joseph, II. *Rel.*

fances publiques (6). *Soumiſſion du Sul-*
tan d'Ahr (7).

(6) Mem. partic.   (7) Joſeph, II. *Rel.* M.
Thomas.

VI. *Le Vali de Loriſtan avec 15 mille hom-*
mes (1) *ſe retire dans le Couziſtan* (2).
Conquête de Horomabad (3) *& du reſte*
de la Province (4). *Incurſion du Pacha*
de Moſul (5). *Des Bactiaris* (6). *De*
leur Religion (7). *De leur Gouverne-*
ment (8). *Effet de leur averſion pour les*
Loriens (9). *Défaite de leurs trou-*
pes (10).

(1) Joſeph, II. *Rel.*   (2) *Ibid.* M. Thomas.
Mem. partic.   (3) Joſeph, II. *Rel.*   (4) M. d'A-
lion, *Lett.* M. Thomas.   (5) M. d'Alion, *Lett.*
(6) Joſeph, *Not.*   (7) Revol. II. 359.   (8) Joſeph, *Not.* (9) Revol.   (10) M. d'Alion, *Lett.*

VII. *Progrès du Pacha de Moſoul, & ce*
qui l'arrête (1). *Hoſtilités des Bactia-*
ris (2). *Le Vali de Loriſtan, avec les*
Kans d'Ahuaz & de Suze (3) *bloque*
Bagdad (4). *Ses filles l'accompagnent*
dans cette Expédition (5) *& dans une*
autre. Retraite des Turcs (6).

(1) M. d'Alion, *Lett.*   (2) Revol. II. 360.
(3) Joſeph, II. *Rel.*   (4) P. Joſeph.   (5) M.
Bechon. II. Revol.   (6) Revol.

VIII. *Conduite de la Porte à l'égard des Ruſſes* (1). *Embarras & projet de la Cour de Petersbourg* (2).

(1) M. d'Alion, *Lett.* (2) Mem. de Cath. 157, 233.

IX. *Révolte d'un Prince Tartare* (1). *Etat militaire de l'Egypte. Crédit & autorité d'Iſmaël* (2). *Origine de Cherkès* (3). *Iſmaël échappé de ſes pieges, force ſon Palais* (4) *& le fait exiler* (5). *Suites de cette affaire* (6). *Cherkès autoriſé par la Porte poignarde ſon ennemi & fait dépoſer le Pacha* (7).

(1) Rec. de nouv. M. d'Alion, *Lett.* (2) Muſtafa, II. *Rel.* M. Mamaki. (3) Muſtafa, II. *Rel.* (4) M. Mamaki. (5) *Ibid.* Muſtafa, II. *Rel.* (6) M. Mamaki. (7) *Ibid.* Muſtafa, II. *Rel.*

X. *Victoires des Ruſſes* (1). *Priſe de Louchan* (2). *Défaite du Chamcal* (3). *Datte de ce combat* (4). *Reproches de la Porte* (5).

(1) M. Desroches. (2) M. d'Alion, *Lett.* (3) Mem. de Cath. 252. (4) Nouv. publ. (5) M. d'Alion, *Lett.*

XI. *Inſtances inutiles de M. Romanzoff* (1).

(1) Mem. partic.

Défagrément qu'on lui donne (2). *Ardebil veut fe foumettre* (3). *Apparences de bonne foi* (4) *bientôt démenties* (5). *Soumiffion de Roumia* (6). *Plaintes des Ruffes* (7).

(2) M. Thomas. (3) Jofeph, II. *Rel.* M. d'Alion, *Lett.* (4) M. d'Alion, *Lett.* (5) Jofeph, II. *Rel.* M. Thomas. Mem. partic. (6) M. Thomas. (7) M. d'Alion, *Lett.*

XII. *Manifefte d'Afchraf* (1). *Il envoye un Ambaffadeur à la Porte* (2). *Ce que c'étoit que ce Miniftre* (3). *Datte de fon départ* (4). *Il eft arrété* (5). *Il arrive à Scutari* (6). *Vaines efperances des peuples. Décifion de la Porte fur la maniere de le recevoir* (7). *Il paffe à Conftantinople* (8). *Traitement qu'on lui fait* (9).

(1) Manif. d'Afchraf. (2) P. Reynal. Mem. partic. *Revol.* II. 368. (3) Revol. (4) P. Reynal. Mem. partic. M. Thomas. (5) Mem. partic. (6) *Ibid.* M. Thomas. (7) Mem. partic. (8) *Ibid.* M. Thomas. (9) Mem. partic.

XIII. *Détail de l'Audience que le Grand-Vifir lui donne* (1). *Circonftances qui déplaifent aux Ruffes. Refus fait à l'Ambaffadeur. On lui enleve les Lettres d'Afchraf au Grand-Seigneur* (2).

(1) M. Daudet. (2) Mem. partic.

dont le *style singulier* (3) *révolte les esprits* (4).

(3) *Ibid.* Rec. de pieces. (4) Mem. partic.

XIV. *Fermeté de l'Ambassadeur* (1). *Points agités dans les Conférences* (2). *Réponse d'Abdoul-Aziz au sujet de l'unité de Puissance* (3).

(1) Mem. partic. (2) Lett. du Mufti (3) Mem. partic.

XV. *L'on publie la lettre du Mufti* (1). *Fetfas* (2) *suivis de la déclaration de la guerre. Circonstances de la réponse du Grand-Seigneur* (3). *Audience de congé d'Abdoul-Aziz & son départ* (4). *Il est arrêté, & sous quel prétexte* (5).

(1) Mem. partic. (2) Rec. de pieces. (3) Mem. partic. (4) M. Thomas. (5) M. d'Alion, *Lett.*

XVI. *Suites des troubles d'Egypte. Conduite d'Ali-Pacha. Prudence de Cherkès* (1). *Mesures que prend le Chaoux-Bachi* (2). *Mort de quelques mutins* (3). *Cherkès est assiégé chez lui* (4), *action cruelle; il se sauve en Barbarie. Graces accordées à ce sujet* (5).

(1) M. Mamaki. (2) *Ibid.* Mustafa, II. Rel. (3) M. Mamaki (4) *Ibid.* Mustafa, II. Rel. (5) M. Mamaki.

route (2) *Casbin se déclare pour Afchraf* (3). *Nouveaux Manifestes de ce
Prince* (4). *Consternation dans sa capitale* (5).

(2) Revol. II. *380.* Nouv. publ. (3) *Ibid.*
M. Thomas. M. d'Alion, *Lett.* (4) M. Thomas.
(5) Lett. de Julfa.

XXII. *Les Aghvans marchent à l'ennemi*
(1). *Deffaite d'un détachement Turc.
Intrigues d'Aschraf* (2).

(1) M. d'Alion, *Lett.* (2) Nouv. publ.

XXIII. *Députation artificieuse* (1). *Difcours & réponse* (2). *Priere du Midi.
Prieres & protestations des Députés. Suite de ces intrigues* (3).

(1) M. d'Alion, *Lett.* Rec. de nouv. Rel. publ.
(2) Rel. publ. (3) *Ibid.* M. d'Alion, *Lett.* Rec.
de nouv.

XXIV. *Aschraf marche à l'ennemi. Etat
des deux armées. Trône d'Aschraf* (1).
*Sa contenance. Signal. Commencement
de la bataille* (2). *Valeur d'Ahmed* (3).
*Il se retire en désordre. Datte de cet éve-
nement* (4). *Perte des Turcs* (5).

(1) M. d'Alion, *Lett.* Rec. de nouv. (2) M.
d'Alion, *Lett.* (3) M. Thomas. (4) M. d'A-
lion, *Lett.* (5) M. Thomas.

XXV. *Perfidie des Curdes. Rétraite des Turcs* (1). *Modération apparente d'Aſchraf* (2). *Il renvoye les priſonniers* (3). *Trahiſon imputée à Babec* (4) *Quel étoit ſon motif* (5). *Opinion differente* (6).

(1) M. d'Alion, *Lett.* (2) *Ibid.* M. Thomas. Rec. de nouv. Rel. publ. (3) M. Thomas. (4) M. d'Alion, *Lett.* Rec. de nouv. Mem. partic. (5) Rec. de nouv. (6) M. d'Alion, *Lett.*

XXVI. *Inquiétudes de la Porte* (1). *Vactan eſt envoyé à Aſtracan. Incurſion des Tartares* (2). *Diſpoſitions des Leſghis* (3), *autres ſujets de crainte* (4).

(1) Mem. partic. (2) Rec. de nouv. (3) *Ibid.* M. d'Alion, *Lett.* (4) *Ibid.* Mem. partic.

XXVII. *Raiſons de ménager Ahmed-Pacha* (1). *Egards à avoir pour les Puiſſances Chrétiennes* (2). *Irréſolutions de Tahmas* (3). *Divan & ordres qui en émanent* (4). *Les Turcs entrent en quartiers d'hiver* (5).

(1) M. d'Alion, *Lett.* (2) Mem. particul. (3) Rec. de nouv. M. d'Alion, *Lett.* (4) Mem. partic. (5) Revol. II. 381. Nouv. publ.

XXVIII. *Secours envoyés en Perſe* (1). *Expédition de Sari-Muſtafa* (2). *Deffaite d'un détachement Turc* (3).

(1) Rec. de nouv. (2) M. Thomas. (3) M. d'Alion, *Lett.*

XXIX. *Trait politique d'Afchraf* (1). *Refus & défertion des troupes Turques* (2). *Ordres de la Porte de négocier la paix* (3). *Difpofitions d'Ahmed* (4).

(1) Nouv. publ. (2) M. d'Alion, *Lett.* Mem. partic. (3) Lett. *III.* de Conft. (4) M. d'Alion, *Lett.* Mem. partic.

XXX. *Un Officier de la Porte* (1) *& Richidi font envoyés fucceffivement à l'armée* (2). *Lieu où elle s'étoit affemblée* (3). *Lieu où elle étoit* (4). *Déclaration d'Ahmed* (5). *On entre en négociation* (6). *Datte* (7) *& articles du traité* (8). *Ambaffade du* G. S. (9).

(1) M. d'Alion, *Lett.* (2) Lett. d'Alep. (3) Let. circ. Lett. au M. A. (4) *Ibid.* Lett. au P. d'Alep. Lett. *III.* de Conft. (5) Lett. *III.* de Conft. (6) Lett. d'Alep. (7) Lett. circ. Lett. au P. d'Alep. Lett. au M. A. (8) Lett. *III.* de Conft. Lett. d'Alep. Lett. au M. A. Lett. circ. Lett. & ratif. d'Afchraf. Mem. du G. V. Rec. de nouv. (9) Ch. de Gardane.

HISTOIRE
DES
REVOLUTIONS
DE PERSE.

LIVRE HUITIE-ME.

ES conquêtes que les Turcs
avoient faites l'année précéden-
te, & l'assoupissement dans lequel il sembloit que les Russes
fussent tombés, donnoient à la Porte une
supériorité dont ces nouveaux alliés commençoient à prendre ombrage : cependant
les inconvéniens de faire par soi-même la
guerre à des peuples Sunnis, & la crainte
que le seul nom du Czar lui inspiroit ,

1725.

la maintenoient toujours dans l'intention de s'en tenir à ce qui avoit été arrêté, lorsqu'elle reçut des avis certains de la mort de ce Prince.

Monsieur Romanzoff Envoyé extraordinaire de Ruffie pour la ratification du traité & Commiffaire de cette Puiffance au fujet des limites à régler en Perfe, étoit arrivé dès le fix Janvier à Conftantinople. Il reffentit vivement tout ce qu'un tel accident alloit répandre de difficultés fur fon miniftere ; mais diffimulant avec foin ce qu'il en penfoit, il effaya de perfuader aux Turcs que la Princeffe Catherine, en montant fur le Thrône, avoit pris de fi juftes mefures, que la mort de ce Monarque ne pouvoit aporter dans fes Etats aucun changement à la face des affaires.

Monfieur d'Andrezel qui avoit, comme on l'a vû, fuccedé au Marquis de Bonnac, feconda utilement le Miniftre Ruffe dans ce deffein : le Grand Vifir feignit enfin d'être perfuadé : il déclara que l'intention de l'Empereur fon Maître étoit de fe conformer exactement à l'égard de la Czarine

rine aux engagemens qu'il avoit pris avec le Prince son époux ; & qu'en conséquence l'on expédieroit incessamment les Commissaires qui devoient travailler sur les lieux au reglement des limites.

Cependant sous prétexte de mettre la Porte en possession des Provinces qui lui étoient échues par le traité de partage, ce Ministre songeoit à reculer autant qu'il se pourroit les frontieres de l'Empire. Dans cette idée il faisoit des préparatifs extraordinaires pour assurer de nouvelles conquêtes aux armées destinées à continuer cette année la guerre en Perse.

Cette Monarchie en proye à tant d'ennemis différens étoit alors dans l'état le plus déplorable. La Porte en avoit démembré la Georgie, presque toute l'Armenie & le gouvernement d'Amadan : le Czar s'étoit emparé de la Côte occidentale de la mer Caspienne, à l'exception de Chamaki que les Lesghis occupoient : le Corassan, le Kerman, le Candahar & les gouvernemens d'Ispahan & de Chiras étoient sous la puissance des Aghvans ou d'autres rebelles : l'authorité de Tahmas n'étoit plus reconnue que dans le Mazanderan & dans une partie de l'Azerbigian & de l'Irac-Agemi ; celles des autres Provinces qui ne s'étoient point ouvertement révoltées , méprifant les ordres de ce Prince , formoient de petites armées indépendantes , qui attaquoient indiféremment les Ruffes, les Turcs & les rebelles.

II. La Porte ne vit pas long-tems fes conquêtes exemptes de ces troubles. Ifmia-Bey , l'un des principaux chefs des Lefghis qui s'étoient mis fous fa protection , fecoua ce nouveau joug, & attaquant jufques dans Chamaki Hadhi-Daoud qui tenoit encore pour cette puiffance, le Chirvan fe trouva divifé entre ces deux partis & celui du Chamcal qui s'étoit foumis à l'autorité de la Cour de Ruffie.

Dans ces circonftances la Sultane de Salian , petit pays fitué vers l'embouchure de la riviere de Cur , feignant de ne fe plus croire en fureté , demanda à l'Officier Ruffe qui commandoit dans Bacou cent hommes pour la garde de fon Chateau,

Elle obtint facilement ce qu'elle souhaittoit; & ce détachement fut à peine arrivé,

qu'un corps de Lesghis apostés à dessein
l'attaqua en nombre superieur & le tailla
en pieces. Le Commandant de Bacou indigné de cette trahison, fit marcher de nouvelles troupes plus nombreuses que les
premieres; mais elles ne trouverent plus
d'ennemis, & tout ce qu'elles purent faire
pour se vanger, fut de bruler la bourgade
& de démolir le Château de cette perfide
Princesse.

Dans le tems que les Lesghis donnoient
ces nouvelles preuves de legereté, les Ja-
nissaires de la Garnison d'Erivan, mécontens d'Arifi-Ahmed, se souleverent contre
lui. Ils pillerent son Palais & la caisse du
Grand Seigneur, & ce Général blessé
dans la sédition fut obligé de se dérober
par une prompte fuite à la fureur des mutins.

Une rebellion si dangereuse n'eut aucune des suites qu'on en devoit craindre. Ces
troupes se repentirent bien-tôt de ces violences, & rentrant d'elles-mêmes dans le

devoir, elles allerent chercher leur Général, lui facrifierent les Auteurs du défordre & le ramenerent comme en triomphe dans la Ville. Cependant la Porte, qui dans toutes les occafions a de grand égards pour cette milice, dépofa Arifi-Ahmed, & fe contentant de le nommer Gouverneur d'Erivan, elle donna le commandement de cette armée à Savi-Muftafa Pacha d'Erzerom.

Peu de temps après on ouvrit la campagne & Abderrahmam-Bey, fils d'Abdoullah Pacha de Van, eut l'honneur des premiers fuccès. Il remporta du côté de Tauris quelques avantages fur les Perfans qui venoient de défaire un corps de Turcs dans ces mêmes quartiers; après quoi il s'empara prefque fans refiftance, de la Ville de Merend & de la forterefle de Zonous.

Ces nouvelles arriverent à Conftantinople au mois de Juin, & l'on y apprit en même-tems que Latif-Kan fils d'une fœur de Chah-Huffein, qui fur la foi de fes Aftrologues s'étoit aproché d'Amadan avec quelques troupes, y étoit effectivement entré suivant leur prédiction, mais d'une maniere bien différente de ce qu'il en esperoit, puisqu'ayant été enlevé par un détachement de cette place, il y avoit été conduit comme prisonnier de guerre.

Ce Seigneur fut envoyé quelque tems après à Constantinople où l'on dit qu'il se fit Sunni. La Porte qui minutoit d'entrer par son entremise en quelque accommodement avec Tahmas, le traita d'abord avec distinction, mais ayant changé d'idée par les suites, elle le renvoya au Pacha d'Amadan, pour en disposer comme d'un homme que le sort des armes lui avoit assujetti. On dit que le refus d'un Pachalic à deux queues qui lui fut offert en Europe, servit de pretexte à sa disgrace.

III. Des conquêtes plus importantes succederent bientôt à ces avantages. La Porte avoit fait des préparatifs extraordinaires pour le siege de Tauris, & ce n'étoit pas sans raison, puisque l'on y comptoit jusqu'à cent cinquante mille hommes en état de porter les armes, & qui dans la généreuse résolution de se défendre jusqu'à la

derniere extremité, avoient pour la plûpart, envoyé leurs familles & leurs effets les plus précieux dans les montagnes
du Ghilan. Onze mille Tartares qui pafferent en Afie par Conftantinople, & le
Beylerbey de Natolie avec les troupes de
fon gouvernement devoient joindre l'armée d'Abdoullah-Cupruli Pacha de Van
que l'on avoit chargé de cette entreprife ;
mais ce Général fe trouvant déja à la tête
de cent dix mille hommes (1), ne crut pas
devoir les attendre. Il fe mit en marche
& parut devant cette grande Ville le trente
de Juillet à la pointe du jour.

Le Gouverneur Perfan qui ne connoiffoit apparemment pas tout l'avantage que
des troupes reglées,& compofées en partie
de cavalerie, ont fur-tout en rafe campagne fur une populace ramaffée, ne crut
pas devoir attendre dans de foibles murs
ouverts de toute part un ennemi qui lui
étoit inferieur en nombre. Les habitans
commencerent à fortir dès que Abdoullah

(1) Le Sieur Jofeph   bre qu'à 70000 feule-
ne fait monter ce nom-   ment.

parut, bien réfolus de lui faire effuyer les hazards d'une bataille avant qu'il eût le tems de fe retrancher.

Le Pacha qui pénetra leur deffein ne leur donna pas le tems de l'executer; car dès qu'il vit que le nombre de ceux qui étoient déja hors des murs montoit à vingt ou trente mille, il les chargea avec toute la vigueur que lui infpiroit le reffentiment de ce qui s'étoit paffé entre eux l'année précédente. Les Perfans foutinrent cependant ce choc, & de nouveaux fecours leur arrivant de moment en moment, l'on fe battit de part & d'autre à l'arme blanche avec un courage égal jufqu'à l'entrée de la nuit, que les Perfans rompus de toutes parts fe jetterent en défordre dans la Ville.

Les Turcs acharnés à les pourfuivre y entrerent pêle-mêle avec eux, & le combat n'en devint que plus terrible; car les habitans qui avoient retranché neuf différens quartiers dont cette grande Ville eft compofée, les deffendirent avec la même réfolution qu'ils avoient fait paroître jufqu'alors. Sept

1725.

de ces quartiers couterent aux Turcs quatre jours & quatre nuits d'assauts continuels ; enfin le troisiéme d'Aout trentecinq à quarante mille hommes qui s'étoient jettés dans les deux autres, se voyant hors d'état de résister plus longtems, demanderent à capituler, & obtinrent du vainqueur la vie, la liberté & la conservation de leurs biens (2).

On voit peu de siéges aussi sanglans que celui-là le fut. Les Persans y perdirent plus de soixante mille hommes & les Turcs environ vingt mille (3), du nombre desquels furent Osman Pacha d'Urfa qui commandoit l'aile droite de l'armée, le Pacha de Caramanie & un grand nombre d'autres Officiers de distinction.

Le Général tint exactement parole à ceux des assiégés qui s'étoient rendus, mais le reste de la Ville, à l'exception des ma-

____

(2) La capitulation fut, suivant M. Desroches, qu'ils se retireroient à Ardebil avec ce qu'ils pourroient emporter sur eux.

(3) J'ai suivi le Sieur Joseph. M. d'Alion & M. Desroches font monter ces pertes beaucoup plus haut.

nufactures & des Bezesteins (4) auxquels
il étoit deffendu de toucher sous peine de
la vie, fut abandonné au pillage. Les Eglises des Chretiens, quoique comprises dans
le nombre des lieux à ménager, ne furent
point épargnées. Les soldats forcerent celle
des Capucins, & sans égard pour la ban-
niere de France que ces Religieux avoient
élevée à leur porte, ils massacrerent près de
cent Catholiques qui s'y étoient refugiés.

Si le Général n'eut point observé la capitulation, cette Ville autrefois si floris-
sante se seroit trouvée en peu de jours entierement déserte ; mais cette bonne foi &
ses promesses rassurant les plus timides ,
on vit bientôt revenir en foule ceux des habitans qui avoient pris la fuite pendant le
siége, ou qui s'étoient retirés dans les montagnes avant l'arrivée des Turcs.

IV. Une conquête de cette importance
surprit bien agréablement le Grand-Seigneur, qui loin de s'attendre à un si prompt

(4) Marchés publics, tes, où sont les bouti-
ou plutôt grands bâti- ques des Marchands.
mens, ou rues couver-

1725.

succès, ne croyoit pas même qu'Abdoullah eût encore entrepris ce siége : mais rien n'égala la joye qu'en ressentit le Grand-Visir, à qui ce Monarque, inquiet de l'événement, avoit reproché depuis peu , avec un emportement indigne d'un Prince, que les circonstances où il avoit mis l'Empire par le projet du traité de Constantinople, lui avoient fait manquer l'année précédente, l'occasion de s'emparer de cette Ville.

Ce Sultan & son Ministre trouvoient encore dans la rapidité de cette conquête des motifs de satisfaction qui ne les intéressoient pas moins. Ils ne pouvoient ignorer que les peuples ne murmurassent hautement de la continuation d'une guerre si souvent funeste à l'Etat ; on ne douta pas même que cet esprit de révolte n'eût pénétré jusques dans le Serrail, lorsqu'on sçut que deux jours avant l'arrivée de la nouvelle, des Bostangis (1) étant venus demander les Chaloupes de quelques bâtimens Grecs , sous prétexte de transporter

______

(1) Jardiniers du Sérail.

des materiaux à ce Palais, ils y avoient
chargé les cadavres de cinquante-quatre
perfonnes de l'un & de l'autre fexe étran-
glées la nuit précédente, & les avoient
jettés à quelque diftance du rivage dans la
mer de Marmara.

Le vingt & un du mois d'Aout, troifié-
me & derniere fête du Beiram du facrifice (2), cette agréable nouvelle fut fuivant
l'ufage, annoncée aux peuples par le bruit
de l'artillerie. Les réjouiffances publiques
ordonnées à cette occafion durerent cinq
jours entiers pendant lefquels les portes de
Conftantinople & de Pera ne fe fermant
point, les gens du pays & les étrangers fe
promenoient avec une égale liberté à la
clarté des lampes dont ces Villes & les
Fauxbourgs étoient illuminés. Les Miniftres des puiffances Chretiennes, à l'exemple de Monfieur d'Andrezel augmenterent
la beauté du fpectacle, en faifant illuminer leur Palais, & le Grand-Seigneur même ne dédaigna point de concourir à la ma-

(2) Ainfi nommé,   fice folemnel d'un mou-
parce qu'on fait ce jour   ton.
là à la Mecque le facri-

gnificence de la fête par des témoignages extérieurs de joye.

Ce Monarque jaloux des éloges avec lesquels Mehemed-Effendi parloit de la magnificence de Versailles au retour de son Ambassade de France, avoit fait bâtir un vaste pavillon sur les bords d'une petite riviere (3), qui coulant à travers un vallon de peu de largeur, se jette dans la mer vers le fond du port. Ce pavillon & trois ou quatre cens autres beaucoup plus petits, que les Seigneurs de sa Cour se firent en même-tems élever à mi-côte des deux collines, composent sous le nom de *Sadiabad* une espece de Village qui, dès qu'il fut achevé, parut si agréable au Grand-Seigneur, qu'il s'écria par un mouvement de vanité, que son Versailles avoit été bâti en moins de jours que Louis le Grand n'avoit employé d'années à la construction du sien.

C'est en cet endroit, qu'en présence du Sultan on executa un feu d'artifice, auquel les Ministres des puissances étrangeres

____

(3) Le Lycus.

1725.

furent invités. Ils le virent tirer du pavil-
villon de Mehemed Beylerbey de Natolie,
à qui le Grand-Visir, jaloux de la faveur
dont cet Officier avoit joui dans le tems
qu'il étoit Selictar-Aga (4), envoya quelques jours après couper la tête sous pretexte de le punir de n'avoir pas joint l'armée
assés tôt pour se trouver au siége de
Tauris.

V. Les nouvelles que l'on recevoit de
jour en jour redoubloient l'allegresse publique, & reculoient le terme prescrit à
ces réjouissances. Le vingt-trois du même
mois on apprit que la forteresse de Lori s'é-
toit rendue au Seras-Kier Sari-Mustafa
dans le tems qu'il se préparoit à l'emporter par un assaut général ; & l'on sçut huit
jours après que le Pacha de Bagdad s'étoit
emparé d'Assitan, de Geanderé & de Fi-
rouzabad (1), petites Villes situées à quelques journées d'Amadan sur le chemin de
la Capitale.

(4) Le Porte-sabre Joseph, Lori s'appelle
du G. S. aussi *Canzia*, & Firou-
(1) Suivant le Sieur zabad *Oulougourd*.

Il ne manquoit plus à la profpérité de la Cour Othomane que de réparer, par la prife de Gandja, l'affront qu'un de fes Généraux avoit effuyé en 1723 devant fes murs. Sari - Muftafa deja vainqueur de Lori, eut bien-tôt la gloire de cette nouvelle entreprife ; car ayant vers la fin du mois d'Aout affiégé cette Ville avec une armée de quarante mille hommes, l'Officier qui y commandoit capitula deux jours après.

Ce Général fier de fa conquête entra enfuite dans le Chirvan, pour en chaffer ou foumettre les Lefghis ; mais il ne réuffit pas dans ce nouveau projet ; le froid commençoit à fe faire fentir ; bientôt fes foldats fe rebuterent, de maniere que fe voyant abandonné des trois quarts de fon armée, il fut obligé de fe retirer lui-même avec le refte de fes troupes.

La prife de Gandja donna lieu à de nouvelles fêtes, & le Grand-Vifir pour flatter les peuples qui jugeant des chofes par l'extérieur, mefurent ordinairement l'importance du fuccès fur l'éclat de ces témoigna-

ges publics de joye, n'épargna rien pour
les rendre plus brillantes encore que les
premieres.

1725.

Ces réjouiſſances étoient à peine finies,
que l'on aprit que le Sultan d'Ahr Capitale
d'une contrée voiſine de Tauris, s'étoit
ſoumis volontairement à Abdoullah-Pacha
qui l'avoit confirmé dans ſon gouvernement.

VI. Tandis que ce Général & Sari-Muſtafa faiſoient ces conquêtes dans les Provinces du Nord, une troiſiéme armée tâchoit par ordre de la Porte, de ſe frayer le
chemin d'Iſpahan. C'étoit celle d'Ahmed
Pacha de Bagdad, qui profitant des circonſtances étoit entré dans le Loriſtan & s'a-
vançoit vers Horomabad Capitale du
pays.

Ali-Merdan-Kan Vali de cette Province
l'eût ſans-doute courageuſement deffen-
due, s'il s'étoit trouvé en état de faire tête
à l'ennemi ; mais toutes ſes troupes enſemble ne montant pas à plus de quinze mille
hommes, il aima mieux ſe retirer dans le
Couziſtan, que de les expoſer en s'enfer-

mant avec elles dans une place hors d'état de foutenir un fiége.

Les habitans de Horomadab imiterent fon exemple ; de maniere que lorfque Ahmed fe préfenta devant cette ville, il la trouva entierement abandonnée. Il y entra donc fans réfiftance, & s'empara avec la même facilité du refte de la Province ; après quoi le Pacha de Moful, avec un corps de troupes qu'il commandoit fous les ordres d'Ahmed, alla faire une incurfion dans le pays des Bactiaris.

Ces peuples divifés en deux Tribus, nommées une Chahar-Ling, & l'autre Efh-Ling, prétendent avoir embraffé fous le regne du Grand-Conftantin le Chriftianif-me qu'ils ont abandonné depuis. Ils vivent toute l'année fous des tentes & font gou-vernés par un Kan à qui l'on affigne ordi-nairement la Ville de Honfar pour le lieu de fa réfidence. On prétend que leurs for-ces unies à celles des Loriens auroient fuffi à faire lever le fiége d'Ifpahan, fi l'antipa-thie qui regne entre ces deux nations voifi-nes ne les eût empêché de fe joindre pour

agir de concert dans cette importante occasion. Ce même esprit de division causa
alors la disgrace de l'un & l'autre de ces
peuples. On a vû que le Vali de Loristan
avoit à l'aproche des Turcs abandonné son
pays. Sefi Kan des Bactiaris prit un parti
moins prudent, & en apparence plus géné-
reux. Il alla avec ce qu'il put ramasser de
troupes audevant de l'ennemi pour le combattre : l'honneur de cette action fut même
assés long-tems disputé, mais le Persan accablé par le nombre se vit enfin obligé de
chercher son salut dans la fuite.

VII. Après cette Victoire le Pacha de
Mosul s'avança jusqu'à vingt-quatre lieues
d'Ispahan, & il s'en seroit sans doute aproché encore plus, s'il n'avoit trouvé sur sa
route les premiers postes des Aghvans,
contre lesquels n'y ayant point de déclaration de guerre, il n'osa faire aucun acte
d'hostilité. Cependant les Bactiaris qui s'é-
toient retirés avec leurs troupeaux dans
les montagnes, ne perdoient aucune occasion de se vanger de leur défaite. Ils har-
celoient les Turcs par des attaques aussi

fréquentes qu'imprévûes, & le Pacha peu
fait à cette maniere de combattre, héfi-
toit déja fur le parti qu'il avoit à prendre,
lorfque de nouveaux ordres fixerent fes ir-
réfolutions.

La retraite du Vali de Loriftan étoit
moins une fuite qu'un trait d'habileté. Ce
Général avoit formé le deffein de porter la
guerre chez les ennemis & de les obliger
par - là à abandonner une Province qu'il
n'étoit point en état de défendre. Il avoit
communiqué cette idée aux Kans d'Ahuaz
& de *Soufter* ou *Sufe*, & leur ayant fait
voir la facilité de piller un pays que l'ex-
curfion du Pacha laiffoit fans défenfeurs,
ils étoient entrés tous enfemble avec plus
de quarante mille hommes fur les terres
de la dépendance de Bagdad, où mettant
tout à feu & à fang, ils répandirent bien-
tôt la terreur dans la campagne & même
jufques dans la Ville qu'ils inveftirent.
Deux filles eurent part à cette entreprife,
c'étoient celles du Vali qui ayant, comme
on l'a vû, combatu à fes côtés à la journée
de Gulnabat, ne le quitterent point pen-

dant tout le cours de cette expédition. Elles le fuivirent même dans une courfe qu'il fit quelque tems après du côté de Bafra, d'où il revint triomphant & avec un riche butin.

La prudente conduite du Vali produifit tout l'effet qu'il en avoit attendu. Dès que Ahmed eut apris que l'ennemi ravageoit fon gouvernement, il manda au Pacha de Moful de rejoindre l'armée, & reprit au commencement d'Octobre le chemin de Bagdad. Les Turcs perdirent beaucoup de monde dans cette expédition, & la gloire de s'être aproché jufqu'à trois journées d'Ifpahan, fut le fruit le plus confidérable qu'ils en tirerent.

VIII. La rapidité de ces différentes conquêtes infpiroit cependant de vives inquiétudes aux Miniftres de Ruffie. La Porte depuis la prife de Tauris affectoit moins de ménagement pour cette Cour : un fuccès de cette importance & des nouvelles certaines de la lenteur des progrès de ces nouveaux alliés avoient déja extremement affoibli ce qu'on leur avoit témoigné de confidération depuis la mort du Czar. Le Grand-Vifir tenoit plus fréquemment qu'à l'ordinaire des Confeils particuliers ; on difoit hautement que Ahmed Pacha avoit ordre de propofer un accommodement à Afchraf & de le combattre comme rebelle au chef de la religion , s'il refufoit de l'accepter ; on parloit de recevoir fous la protection de l'Empire , le Chamcal Prince tributaire de Ruffie qui la recherchoit ; enfin tout fembloit annoncer une rupture prochaine entre les deux puiffances.

L'inaction des Ruffes en Perfe , vrai motif de ce changement , étoit caufée par les circonftances où fe trouvoit alors la Cour de Peterfbourg. On y redoutoit également, depuis la mort du Czar , les entreprifes du dehors & celles du dedans. On craignoit que les différens ordres de l'Etat auffi attachés aux ufages profcrits fous le regne précédent, que peu accoutumés à obéir à une femme , n'entrepriffent de placer fur le Thrône Pierre Alexiewitz à qui la Couronne appartenoit de droit comme petit fils

de Pierre le Grand , & l'on ne regardoit
les puiffances voifines , que comme des
ennemis couverts , qui n'étant plus retenus
par la réputation que le Czar s'étoit acquife, faifiroient le premier moment favorable de renouveller ou de former des prétentions ; efpece de prétextes dont les fou-
verains ne manquent jamais.

La vivacité avec laquelle la Czarine entroit dans les intérêts de Charles-Frederic
Duc de Holftein , étoit pour elle une nouvelle fource de foins & d'embarras. Elle
venoit de lui donner en mariage la Princeffe Anne Petrowna fa fille ainée , & s'é-
tant par cette alliance, fait un devoir de la
bienveillance qu'elle avoit toujours témoignée à ce Prince, elle s'occupoit principalement des moyens de le faire rentrer dans
fes Etats, dont le Roi de Dannemarc l'a-
voit dépouillé en l'année 1713.

IX. Si la Cour de Ruffie fe trouvoit par
ces différentes circonftances dans des conjonctures embarraffantes, celle de Conftantinople n'étoit pas dans une fituation plus
tranquille. Un Prince Tartare furnommé

Deli (1) fils d'un Kan de Krimée dépofé, refufant de reconnoître le fouverain que la Porte avoit nommé pour fucceder à fon pere, s'étoit formé un parti confidérable, à la tête duquel il faifoit trembler toute cette Province ; & il s'étoit élevé depuis quelque tems vers l'autre extrémité de l'Empire des troubles dont la durée faifoit craindre des conféquences encore plus dangereufes.

On ne peut donner l'intelligence de ce fait fans entrer ici en quelque détail. Le Grand-Seigneur entretient en Egypte fept différens corps de milice qui compofent enfemble vingt mille hommes de troupes reglées. Ce font les garnifons des Villes, & principalement celle du Caire. Le gouvernement de la Campagne eft diftribué à titre de Seigneuries à différens Beys, ce qui nourrit de tems immémorial un efprit de

---

(1) Deli, *fou, téméraire.* Les Nouvelles publiques le difoient oncle du nouveau Kan. C'eft probablement le même qui, fuivant la Lettre du Comte d'Ofterman, avoit ravagé pendant plufieurs années le Royaume d'Aftracan & les provinces voifines.

discorde sans lequel l'autorité du souverain seroit sans doute beaucoup moins res-
pectée dans cette Province.

Ismaël - Bey Emir - Hagi, c'est - à - dire
Prince ou *Chef des Pelerins* de la Mecque,
s'y étoit acquis un crédit sans bornes par
ses richesses immenses. Les peuples le regardoient moins comme un Chef de parti
que comme le maître absolu de l'Egypte. Il
y disposoit effectivement à son gré des
charges & des emplois ; & tout, jusqu'au
Pacha, étoit forcé de se conformer à ses
volontés.

Un homme, qui de la condition d'es-
clave s'étoit élevé à la dignité de Bey, osa
cependant entreprendre de lui tenir tête.
C'étoit Mehemed-Cherkès, le même que
l'on avoit vû commander les troupes d'E-
gypte à la Campagne de Belgrade. Cet
homme aussi fier qu'intrépide ne craignit
point de se déclarer contre une autorité
sous qui tout plioit ; & Ismaël ayant peu
de tems après échapé à un complot formé
contre sa vie, il en accusa ce Bey, & il
s'alluma entre eux une guerre civile qui

partagea tout le Caire.

L'Emir-Hagi fecondé de l'un des corps de milice l'emporta enfin fur fon ennemi. Cherkès forcé dans fon Palais fe fit jour à coups de fabre ; il fut pourfuivi , & après un combat où plus de vingt hommes périrent de fa main , il fut arrêté & conduit à Ifmaël qui obligea le Pacha de le releguer dans l'ifle de Chypre.

Ifmaël crut dès-lors n'avoir plus rien à craindre : cependant Cherkès toujours occupé du foin de fa vengeance étoit revenu fecretement au Caire , où il n'épargnoit rien pour obtenir les ordres néceffaires à fon rétabliffement. La Porte qui cherchoit à contrebalancer l'autorité exceffive de l'E-mir-Hagi , les lui accorda fans peine , & le Pacha à qui ils étoient adreffés , ayant éludé de les mettre en exécution , elle le priva de fon gouvernement & le fit étrangler.

Regeb fon fucceffeur ne fut guéres plus heureux ; il affoiblit d'abord extrêmement le parti , fous prétexte de diffiper une armée d'Arabes qui avoit attaqué

l'efcorte

l'efcorte deftinée à la caravane de la Mecque; il profita même de ces conjonctures pour faire poignarder quelques Officiers fufpects & pour rétablir Cherkès; mais Ifmaël qu'il avoit privé de fon emploi, rentra fécretement dans la ville, fe reconcilia avec fon concurrent, & de concert avec lui le dépofa.

Mehemed-Nifchangi (2) qui avoit été Grand-Vifir obtint enfuite ce Gouvernement, fous condition d'envoyer la tête d'Ifmaël à la Porte. Il fit pendant deux ans tout ce qui lui fut poffible pour s'acquitter d'une commiffion fi délicate, & n'ayant pû y réuffir, il communiqua fon projet à Cherkès, qui, flaté de la promeffe qu'il lui fit au nom du Grand-Seigneur, du commandement abfolu de la Province, poignarda ce dangereux rebelle en plein Divan.

Un coup fi hardi acheva de faire connoître le génie entreprenant de ce nouveau Chef de parti. La Porte envoya des ordres fecrets de s'en défaire; mais com-

____

(2) *Nifchangi* fignifie *Garde des Sceaux.*

Tome II.   N

me il n'avoit pas moins de prudence que de courage, il évita les piéges que l'on lui tendit, & ayant assemblé chez lui les gens de loi, il leur fit signer l'acte de déposi-tion du Pacha & le fit arrêter.

Telle étoit la principale cause des inquiétudes de la Porte : elle trouvoit en Cherkès le même crédit, la même ambition, & plus de courage & de conduite qu'en Ismaël ; elle craignoit qu'il ne se servît de ces avantages pour susciter quelque révolution : cependant comme un homme seul étoit l'objet de ses allarmes, elle se flattoit toujours qu'il n'échapperoit point aux artifices d'un nouveau Pacha, & rassurée par cette idée, elle traitoit les Ministres de la Czarine avec aussi peu de ménagement que si l'Egypte avoit été tranquille.

X. Les Russes avoient cependant remporté quelques avantages en Perse. Monsieur Matuskin, l'un de leurs Lieutenans Généraux, ayant appris que l'ancien Visir de Rescht avoit fait construire un fort près d'une riviere nommée *Passahan*, à desſein d'inquiéter ſes fourageurs & ſes convois, y avoit envoyé au mois de Juin un corps de troupes, qui dès la premiere attaque en chaſſa les ennemis.

La cavalerie Ruſſe pourſuivit les fuyards juſques ſous Laſchemadan, bourgade dans laquelle il ſe trouvoit alors juſqu'à vingt-cinq mille hommes. Le Viſir qui les y avoit raſſemblés en ſortit bien-tôt pour combattre; mais l'infanterie Ruſſe étant arrivée ſur ces entrefaites, il abandonna après une foible réſiſtance le champ de bataille, pour ſe ſauver, avec ceux de ſes gens qui purent le ſuivre, dans la Province de Mazanderan.

Le pillage de Laſchemadan, la démolition du fort, & la priſe de Louchan, ville ſituée ſur les confins de la Province, furent les fruits de cette victoire. Elle fut ſuivie peu de tems après d'un ſuccès encore plus conſidérable. Le Chamcal, ou Sultan de Tarcou, qui ne portoit qu'à regret le joug que le Czar lui avoit impoſé, ayant intéreſſé quelques Princes ſes voiſins dans la querelle, parut enfin en campagne à la tête d'une armée ; mais il se répentit bien-tôt de cette démarche; car ayant été attaqué le vingt-six de Septembre par un corps de quinze mille Russes, il fut deffait & chassé jusques dans les montagnes. Tarcou & vingt villages de la dépendance de cette ville furent pillés & brûlés, & ses alliés perdirent en cette action un de leurs Princes & quatre de leurs principaux Chefs.

Mais ces foibles avantages ne pouvoient entrer en comparaison avec les conquêtes de la Porte, qui, maîtresse des différentes Provinces qu'elle s'étoit adjugées, reprochoit aux Russes que leurs Généraux sembloient se tenir sur la deffensive dans un tems, où, conformément au Traité, ils auroient dû agir pour chasser les Aghvans de la Perse.

XI. Monsieur Romanzoff, trop bon politique pour ne pas prévoir les désagrémens qu'il auroit à essuyer s'il restoit plus long-tems à Constantinople, demandoit avec empressement à partir pour aller travailler sur les lieux au Réglement des limites. Il obtint enfin une conférence à ce sujet, mais le Reys-Effendi y représenta par ordre du Grand-Visir que la saison étoit trop avancée, & que d'ailleurs les principales opérations du partage devant se faire dans le Chirvan, il falloit donner le tems à Sari-Mustafa de soumettre les peuples de cette Province qui venoient de bloquer Chamaki, sur quoi Monsieur Romanzoff eut le chagrin de voir son voyage remis à l'année suivante.

Il reçut quelques jours après une nouvelle mortification. Les Princes de l'Orient se sont fait une loi de deffrayer les Ministres que les Souverains leur envoyent pour des affaires extraordinaires ; cela s'étend même jusques aux simples porteurs de dépêches. En conséquence de cet usage, Monsieur Romanzoff recevoit par jour soixante piastres (1) de *taïn* ou subsistance, & l'on ordonna qu'il ne lui en seroit payé à l'avenir que dix, qu'il refusa d'accepter.

La Porte qui ne vouloit pas pousser

____
(1) Environ 180 liv.

N iij

les chofes à l'extrémité, affecta enfuite plus de ménagement au fujet d'une affaire plus importante. Les habitans d'Ardebil avoient envoyé des Députés à Abdoullah-Pacha, pour l'inviter à leur accorder la protection de l'Empereur fon Maître, & ce Général qui fçavoit que cette ville étoit au-delà des limites prefcrites par le Traité, n'ayant ofé y envoyer garnifon fans ordre, le Grand-Vifir communiqua cette affaire à l'Ambaffadeur de France, comme médiateur, ainfi qu'à l'Envoyé & au Réfident de Ruffie, en les affurant que ces propofitions feroient rejettées.

Mais cette apparence de bonne-foi, déja démentie par l'invafion du Loriftan & par d'autres conquêtes, ne les abufa pas long-tems; car Abdoullah-Pacha reçut des ordres fecrets fuivant lefquels il prit poffeffion d'Ardebil, comme par interim, & fous prétexte que les rebelles avoient deffein de s'en emparer. Roumia, ville voifine de Tauris, venoit auffi d'imiter cet exemple, en fe foumettant volontairement au Général Turc.

L'irrégularité de ce procédé donna lieu à de nouveaux murmures. Les Russes se plaignoient d'ailleurs qu'ils n'apprenoient ce qui se passoit en Perse que par la voix publique, & que la Porte venant de donner une nouvelle atteinte au Traité, en consentant de recevoir un Ambassadeur de la part des rebelles, ils n'en étoient informés que lorsqu'il étoit prêt de paroître sur les frontieres de cet Empire.

XII. Cet Ambassadeur étoit envoyé par Aschraf. Ce Prince étonné des progrès des armes Othomanes, avoit adressé un Manifeste aux habitans de Meraga & de quelques autres villes frontieres, pour les porter à reconnoître sa domination, après quoi il avoit pris le parti d'essayer de se concilier par la voye des Traités une Puissance dont il ne pouvoit raisonnablement se flater de triompher à force ouverte.

Un Aghvan qui de simple muletier, étoit parvenu par son courage aux emplois de Colonel & de Commandant de

1725.

Julfa, fut chargé de cette importante né-gociation. Il étoit parti d'Ispahan dès le mois de Septembre, mais ayant été arrê-té vingt jours à Horomabad par Ahmed-Pacha, & douze à Amadan, il n'arriva que le vingtiéme du mois de Janvier

1726.

1726 à Scutari.

Les premieres nouvelles de cette Am-bassade répandirent la joye dans Constan-tinople. On n'y doutoit point que les rebelles intimidés des conquêtes de cette campagne, n'eussent concerté cette dé-marche pour obtenir la paix à quelque prix que ce fût; & le desir d'un événe-ment si avantageux changeant ces conjec-tures en persuasion, le bruit courut bien-tôt que le dessein d'Aschraf étoit de re-connoître le Grand-Seigneur pour Imam (1), & de lui céder en cette qualité Is-pahan & ce qu'il occupoit en Perse, sans autres conditions que celle d'en être re-connu pour Prince Souverain du Canda-

____

(1) Titre qui de-signe le légitime suc-cesseur de Mahomet, & en cette qualité, le chef souverain tant au spirituel qu'au tempo-rel, des peuples de cette religion.

har. Les Turcs ignoroient encore que Huſſein-Kan s'étoit emparé de cette Province après la mort de Mir-Mahmoud ſon frere.

Il eſt à préſumer que les Miniſtres de la Porte prévenus par Ahmed-Pacha & par le Gouverneur d'Amadan, ne donnerent point dans une erreur ſi flateuſe. Quoiqu'il en ſoit, il fut décidé qu'Abdoul-Aziz-Kan, c'étoit ainſi que ſe nommoit le Miniſtre Aghvan, ne ſeroit reçû que comme un ſimple porteur de dépêches député par un Prince de même religion que les Turcs; promeſſe que le Grand-Viſir confirma le dernier Janvier à l'Ambaſſadeur de France, & à l'Envoyé & au Réſident de Ruſſie, dans l'audience qu'il leur donna à ce ſujet.

Cependant Abdoul-Aziz, qui croyoit être reçu comme Ambaſſadeur d'un Roi Sunni, voyant que l'on ne vouloit lui laiſſer prendre aucun caractere, feignit d'être malade & demanda à être tranſporté à Conſtantinople, ſous prétexte qu'il y ſeroit plus à portée des Médecins.

N v

La Porte, dont le deſſein n'étoit pas de le renvoyer ſans l'entendre, acquieſça ſans peine à cette demande qu'elle lui avoit peut-être ſuggérée, & il paſſa vers la fin de Janvier de Scutari en cette ville, non ſur une galere, ſuivant l'uſage obſervé à l'égard des Ambaſſadeurs, mais ſur une des gondoles du Boſtangi-Bachi (2).

L'attention que l'on avoit eue de lui faire préparer un Palais, donne lieu de préſumer que les ménagemens que l'on devoit à la Cour de Ruſſie avoient moins de part à ce procédé, que la nature des propoſitions dont on ſçavoit qu'il étoit chargé. Quoiqu'il en ſoit, on le logea dans une maiſon particuliere, où il étoit gardé par un détachement de cinquante Janiſſaires, qui, ſous prétexte de lui faire honneur, veilloient de près à ſes actions ; & ſon taïn fut reglé ſuivant le nombre des perſonnes de ſa ſuite & fourni en na-ture, comme pour faire entendre que ſi on le deffrayoit, c'étoit ſans conſéquence,

(2) *Chef des Jardiniers du Sérail.*

& non en qualité de Miniſtre d'une Puiſſance étrangere.

XIII. Il fut conduit à l'Audience du
Grand-Viſir le neuf de Février, avec plus
de cérémonies qu'il n'en devoit attendre
en qualité de ſimple Agent d'un homme
qu'aucune Puiſſance ne reconnoiſſoit pour
Souverain. L'Intendant des Chaoux (1),
le Haſſas-Bachi (2) & un Capitaine de
Janiſſaires ouvroient la marche. Deux des
principaux Aghvans venoient enſuite l'un
après l'autre, & à quelques pas de diſtance, l'on voyoit ſur un cheval ſuperbement
harnaché, Abdoul - Aziz couvert d'une
robe fourrée de martes zibelines, & en-
touré de quatre valets de pieds vêtus à la
Perſienne d'habits brodés d'or. Dix - huit
de ſes gens Aghvans ou Arméniens, ſui-
voient à cheval ſur deux files, & les Janiſſaires de ſa garde marchant en bon ordre, achevoient de former le cortege.

Quoique l'on eut pris la précaution de

____

(1) *Tchiaouxlar-Emi-*
ni.
(2) C'eſt un *Tchior-*
vagi ou *Capitaine d'une*
chambrée de Janiſſaires,
chargé de prêter main-
forte au *ſou-Bachi* ou
Prévôt.

N vj

ne laiffer entrer chez le Grand Vifir que les gens qui y étoient néceffaires, on fçut que ce Miniftre l'avoit reçu avec plus d'appareil qu'il n'en affecte ordinairement en ces occafions. Une robe doublée de peaux de renards noirs (3) dont il étoit vêtu ce jour-là, étoit, ainfi que fon turban, enrichie d'agraffes de pierreries, & fes Pages habillés de drap d'or portoient des poignards dont le manche & le fourreau étoient couverts de diamans : circonftances que bien des gens regarderent comme des témoignages d'une vaine oftentation; mais qui déplurent aux Ruffes, en ce que cette pompe inufitée à l'égard des Ambaffadeurs des Puiffances Chrétiennes, fembloit une diftinction de ménagement pour le Prince qu'Abdoul-Aziz repréfentoit.

Si cet Officier eut lieu d'être fatisfait de ces honneurs, en ce qu'ils paroiffoient lui fuppofer quelque caractere, il ne le

(3) C'eft la fourure la plus riche. On eftimoit cinquante mille écus celle que le Czar avoit envoyée au G. S. à l'occafion du Traité de Conftantinople.

1726.

fut guéres du refus qu'on lui fit de lui accorder une audience du Grand-Seigneur. Il s'opiniâtra vainement à ne remettre qu'à ce Monarque la lettre qu'Afchraf lui écrivoit : la Porte qui ne fe faifoit pas grand fcrupule de violer à fon égard des droits qu'elle ne refpecte pas toujours en la perfonne des Miniftres les mieux autorifés , la lui fit enlever de vive force.

Les propofitions d'Afchraf étoient très-fieres & conçues en des termes peu ménagés. Ce Prince prenoit dans fa lettre le titre faftueux de Roi des Rois , il la finiffoit par quatre vers Arabes (4) qui fembloient une menace tacite , & les vers du Bul (5) & du Cachet répondoient par-

---

(4) Voici la traduction de ces vers :

Le fabre & la lance font notre bafilic ,
Fi du narciffe & du mirthe ,
Notre boiffon eft le fang de nos ennemis ,
Et leur crâne nous fert de coupe.

(5) L'on appelle *Bul* une empreinte à l'encre qui tient lieu de fignature. Celui - ci étoit compofé de ces deux vers en Perfan :

L'efclave fidele obfervateur des commandemens du Tout-puiffant , pouffiere des pieds des

 faitement (6) à l'orgueil de ce ſtyle.

L'eſpérance que les peuples de Conſtantinople avoient conçue à l'arrivée des Aghvans, ſe changea en indignation, lorſqu'ils furent mieux informés ; plus ils avoient crû Aſchraf humilié, plus ſa fierté leur parut inſultante, & la Porte qui ſouhaitoit ardemment de leur faire approuver la guerre, n'épargnoit rien pour fomenter ces mouvemens d'animoſité.

XIV. Cependant la vigueur avec laquelle Abdoul-Aziz ſoutenoit les intérêts de ſon Maître, ne démentoit pas le faſte des titres que ce Prince avoit pris. La négociation fut plus humiliante pour les Turcs, que le refus qu'ils avoient fait de le reconnoître pour Ambaſſadeur ne l'a-

quatre amis, Aboubecre, Omar, Ofman & Ali, *eſt devenu par la permiſſion de Dieu l'Aſchraf*, c'eſt-à-dire, le plus illuſtre *des Rois de l'Univers*.

(6) Les Orientaux cachetent leurs Lettres en cire rouge & molle. Le Sceau dont il eſt ici parlé étoit formé de ce diſtique Perſan : *Eſchref eſt celui de tous les Princes ornés de gloire & de magnificence, qui a étendu le plus la Loi de Mahomet.*

voit été pour les Aghvans. Il se conduisit
toujours, en des circonstances si délicates,
avec toute l'intrépidité que l'on auroit dû
en attendre, s'il avoit joui des prérogati-
ves de ce caractere; & tant de fermeté
commença enfin à embarrasser les Ministres Othomans. On trouve dans la réponse que le Mufti & les gens de Loi de
Constantinople, firent à une lettre que le
Mufti & les gens de Loi d'Afchraf leur
avoient écrite, les principaux points sur
lesquels roulerent ces conférences.

Abdoul-Aziz reprochoit aux Turcs
d'avoir manqué à un point essentiel de la
Religion, en ne faisant pas, comme eux,
tous leurs efforts pour détruire la Monarchie des Alides. Il convenoit que le Grand-
Seigneur étoit Imam légitime en Turquie; mais il ajoutoit que rien n'empêchoit qu'Afchraf & ses Successeurs ne
fussent Imams en Perse, d'autant plus que
le pays des Musulmans se trouvant très-
étendu par leurs conquêtes, un seul chef
ne pouvoit suffire à le gouverner. Il soutenoit enfin qu'un Conquérant reconnu

par les Grands du Royaume, en étoit le poſſeſſeur légitime, & qu'en cette qualité il étoit en droit de reclamer les Provinces & les Places qui en avoient été démembrées, puiſqu'il n'en étoit pas moins Souverain, que de celles où ſon autorité étoit établie.

Les Commiſſaires Turcs chargés de traiter avec lui répondoient que les guerres que la Porte avoit eu à ſoutenir contre différentes Puiſſances Chrétiennes liguées enſemble, étoient l'unique raiſon qui avoit empêché le Grand-Seigneur de travailler plutôt à la deſtruction de l'Empire des Alides : qu'il n'avoit point en cela peché contre la loi, puiſque l'Alcoran dit formellement *accordez la paix à celui qui la demande :* que d'ailleurs le but de cette trêve étoit de ſe mettre en état de recommencer la guerre avec plus d'avantage, ce qu'il avoit fait en enlevant aux Alides pluſieurs Provinces conſidérables, dès que la paix conclue avec les Princes de l'Europe, lui avoit permis de ſonger à accomplir le précepte.

Ils ajoutoient qu'il ne pouvoit, suivant la loi ni la tradition, y avoir à la fois deux Imams, à moins que leurs Etats ne fuſſent féparés par une barriere, telle qu'une mer, qui en empêchât la communication. Que la Perſe n'étoit pas dans ce cas à l'égard de la Turquie, & qu'Iſpahan n'étoit pas non plus aſſez éloigné de Conſtantinople, pour que la nomination d'un ſecond chef fût néceſſaire; puiſque ſous le regne d'Omar, dont l'Empire s'étendoit depuis la Mecque juſques à Amadan, perſonne n'avoit approuvé la pluralité des Califes.

Enfin, à l'égard de l'article qui tendoit à attribuer aux Aghvans les droits d'une autorité légitime, non-ſeulement ſur les Provinces qu'ils avoient conquiſes, mais encore ſur celles dont la Porte & le Czar s'étoient emparés; ils ſoutenoient que la Souveraineté des conquêtes faites par les armes des Aghvans, comme par celles du Grand-Seigneur, appartenoit de droit à ce Monarque en qualité d'Imam, ſans que les Aghvans puſſent prétendre autre chofe de leurs expéditions, que les biens meubles des peuples qu'ils avoient vaincus ; & ils deffioient Abdoul-Aziz de prouver par la loi le contraire de cette propofition, ni ce qu'il avançoit d'ailleurs à ce fujet.

Tels furent les articles agités dans ces Conférences. On remarque feulement de plus que les Miniftres Turcs s'opiniâtrant à foutenir qu'il ne pouvoit y avoir qu'un Imam, & que cet Imam devoit être & étoit le Grand-Seigneur, tant à caufe qu'il étoit en poffeffion de cette dignité héréditaire dans fa famille, que parce qu'il avoit fous fa puiffance les *Chefs-lieux* des trois Religions écrites (1), Abdoul-Aziz répondit fans s'étonner, que fi les Mufulmans des deux Empires ne pouvoient reconnoître qu'un même Chef, ce titre

(1) La Mecque, à caufe du Temple qu'ils difent qu'Abraham, pere des Hebreux, y bâtit, & de la naiffance de Mahomet : Jerufalem fi refpectée des Juifs, & bien plus refpectable aux Chrétiens; & Medine, fiege de l'Empire & lieu de la fépulture de leur faux Prophête & des premiers Califes qui lui fuccederent.

devoit fe donner à Afchraf, iffu de l'illu-
ftre Tribu des Coraïch (2) à laquelle le
Califat appartenoit de droit, & deftruc-
teur de la domination des Alides, & non
à un Prince né dans le fein d'une nation
d'origine inconnue, & qui non content
d'avoir obfervé une longue paix avec les
hérétiques, venoit, par un traité contraire
à la loi, de livrer aux infidéles des villes
où l'on avoit élevé des Mofquées (3).

XV. Ces Conférences, dans lefquelles
on n'étoit d'accord fur rien, ne fervoient
qu'à aigrir les efprits. La Porte fouhaitoit la guerre, mais les Mahométans regardoient comme une action criminelle
& odieufe de la déclarer à des peuples de
même religion, elle vouloit du moins
qu'il parût qu'Afchraf la mettoit dans la
néceffité de rompre avec lui. Il ne s'agiffoit
donc plus que de trouver des prétextes,
& le Miniftere faifit comme les plus plau-

____

(2) Tribu de Maho-
met, l'une des plus il-
luftres de la Mecque,
& diftinguée d'ailleurs
par la garde du Temple

qui lui étoit confiée.
(3) Belgrade cedée
en 1718 par le Traité
de Paffarovitz.

1726.

 fibles ceux que la négociation même lui fourniffoit.

On a vû que le Mufti & les gens de Loi de Conftantinople avoient fait réponfe au Mufti & aux gens de Loi d'Afchraf. Cette lettre où les points de droit mis en queftion étoient difcutés avec foin, fut rendue publique, & fervit comme d'un Manifefte, dont l'effet paroiffoit devoir être d'autant plus grand, que cette piece n'en portoit pas le titre.

Après une démarche fi propre à fe concilier l'efprit des peuples, la Porte ne feignit plus de demander le Fetfa du Mufti, ce qu'elle fit en lui propofant les queftions fuivantes.

1°. *S'il eft permis, fuivant la Loi, aux vrais Croyans d'obéir en même-tems à deux perfonnes différentes & de les reconnoître pour leurs chefs.*

2°. *De quelle maniere on devroit agir contre un Mufulman qui, s'étant emparé de la capitale de la Perfe, & de quelques autres villes contigues aux conquêtes des armes Othomanes, difputeroit au Grand-*

Seigneur la souveraineté attachée à la dignité d'Imam , & lui envoyeroit un homme & des lettres pour lui notifier qu'il eut à lui remettre ces conquêtes , alleguant qu'elles font partie d'un Empire qui lui appartient de droit , comme possesseur de la capitale & du thrône des Alides.

Le Mufti répondit à la premiere de ces questions , que *la pluralité des Chefs des Fidéles étoit déclarée illicite par l'assemblée des* Ashab (1) *, à moins qu'il ne se trouvât entre leurs Etats quelque barriere , telle , par exemple , que la mer des Indes , qui les empêchât de se consulter & de se secourir mutuellement.*

Il prononça sur la seconde question , que *si le Musulman dont on parloit se désistoit de ses prétentions , & se soumettoit à l'autorité du Chef des Fidéles , toutes choses seroient en regle , mais que s'il persistoit dans sa rebellion , sa mort étoit déclarée nécessaire par un précepte de la loi qui enjoignoit de l'exterminer.*

(1) Nom que l'on donne aux compagnons de Mahomet.

La déclaration de la guerre suivit de près ces Fetfas, & le Grand-Seigneur vivement piqué de l'orgueil des Sceaux d'Afchraf, fe fervit pour fa réponfe d'un *Bul* fait exprès, & dont l'infcription conçue en quatre vers, tenoit plus de l'injure que du reproche (2).

Ces chofes fe pafferent vers le commencement de Mars, & le dernier jour de ce mois, Abdoul-Aziz eut fans grande cérémonie fon audience de congé du Grand-Vifir. Ce Miniftre lui fit préfent de dix bourfes (3) d'argent pour lui, d'une pour un de fes neveux, qui l'avoit fuivi dans ce voyage, & d'une autre pour fon Imam (4). Il le chargea enfuite d'une

---

(2) Voici la traduction de ce Bul :

Le deffenfeur de la noble juftice, zelé pour les quatre
　　amis,
Eft Ahmed, fils de Mehemed le Guerrier, accoutu-
　　mé à vaincre fes ennemis.
Par la verité éternelle Efchref n'eft pas le plus illuf-
　　tre des Rois de l'univers.
C'eft une mauvaife pâte paîtrie du levain de Mir-
　　Veis, rebelle & fymbole de l'ignominie.

(3) 15000 livres.　　　ceux de **Curé** & de
(4) *Aumônier.* Ce 　　**Chapelain,**
nom répond auffi à

montre très-riche pour l'Athemat-Doulet d'Aſchraf, en reconnoiſſance d'un fil de perles qu'il en avoit reçu, & le lendemain Abdoul-Aziz ayant été voir le Mufti, il paſſa ſix jours après à Scutari, d'où, ſous la conduite d'un Aga, il ſe mit en marche pour Bagdad.

Mais il n'y arriva pas auſſi-tôt qu'il le croyoit; car il étoit à peine entré dans le Diarbekir, que le Commandant de Kerkiſia, fortereſſe voiſine de l'Euphrate, l'arrêta. La Porte, pour autoriſer un tel procédé, fit courir le bruit qu'Aſchraf venoit de lui en donner l'exemple, en faiſant mettre dans les priſons publiques un Officier qu'Ahmed Pacha de Bagdad lui avoit envoyé pour ſçavoir s'il ne vouloit ſe relâcher en rien de ſes prétentions. Elle aſſuroit même que l'on y avoit fait ſouffrir divers tourmens à cet Exprès; mais bien des gens remarquerent qu'il ne convenoit point au Grand-Seigneur qu'Aſchraf fût informé par ſon Envoyé de la répugnance que les peuples & les troupes témoignoient pour cette guerre; & faifant réflexion que les Aghvans, qui n'a-voient point épargné le fang de leurs maîtres, n'avoient cependant jamais violé le droit des gens, au lieu que la Porte ne l'avoit guéres refpecté jufqu'alors, qu'au-tant qu'il n'étoit point contraire à fes inté-rêts ; on commença à la foupçonner d'a-voir inventé cette hiftoire, ou du moins d'en avoir déguifé les principales circon-ftances, à deffein de juftifier la violence de cette démarche.

XVI. Les nouvelles que cette Puiffance avoit reçues pendant le féjour d'Abdoul-Aziz-Kan à Conftantinople, la confir-moient dans fes ambitieufes idées. Cher-kès, dont elle craignoit tant l'autorité & le genie, n'étoit plus à même de lui caufer de l'ombrage. Un homme fur le crédit duquel elle n'ofoit plus compter, venoit de délivrer l'Egypte de ce redoutable fujet.

On a vû qu'après avoir fait mourir Ifmaël, ce Bey avoit dépofé le Pacha Me-hemed. Ali Pacha de Candie, nommé par la Porte pour le remplacer, avoit d'abord intimidé

1726.

intimidé les factieux, en demandant de la part du Grand-Seigneur aux sept corps de Milice assemblés, les têtes de quelques personnes dont il se réservoit de déclarer les noms ; mais Cherkès lui ayant envoyé la nuit suivante des présens considérables accompagnés de promesses & de menaces, le Pacha déclara le lendemain en plein Divan que la Province étoit tranquille, & que le passé étoit pardonné.

Il y a toute apparence que cette démarche, & l'offre qu'il fit à Cherkès de le nommer Emir-Hagi, ne tendoient qu'à endormir sa prudence. Cherkès au moins en jugea ainsi, puisqu'il refusa toujours sous divers prétextes d'entrer au Divan. Cependant le Chaoux-Bachi qui étoit venu installer Ali dans son Gouvernement, craignant qu'il ne favorisât de bonne-foi le parti des séditieux, communiqua à Mehemed, Pacha déposé, les ordres qu'il avoit, & ils prirent de concert des mesures pour en assurer l'exécution.

Cette entreprise formée & conduite à l'insçu du Pacha, eut une partie du succès que l'on pouvoit en esperer. La mort de quelques créatures de Cherkès, tués en allant au Divan, fut le signal de cette petite guerre. Mehemed & le Chaoux-Bachi parurent à la tête d'un corps de troupes à qui ils avoient promis au nom du Grand-Seigneur une augmentation de paye, & ayant fait pointer quelques pieces de canon contre le Palais de ce Bey, ils entreprirent de le forcer.

L'intrépide Cherkès tint pendant plusieurs jours contre tous leurs efforts ; mais le neuf Février, la plus grande partie de ses gens l'ayant abandonné à la vûe de l'étendart de Mahomet, il coupa lui-même la tête à douze jeunes filles esclaves & à deux garçons qu'il avoit dans son Haram, après quoi donnant le sabre à la main sur les troupes du Pacha, il s'ouvrit un passage & se sauva en Barbarie.

Les graces que la Porte répandit à cette occasion font assez connoître combien elle fut sensible à cet évenement. Elle approuva l'augmentation de paye accordée aux troupes dont on s'étoit servi ;

elle honora le Chaoux-Bachi du titre de Pacha à trois queues, & confirma dans sa dignité Mehemed-Nischangi, qui, après la fuite de Cherkès, s'étoit fait reconnoître de nouveau pour Gouverneur de la Province.

XVII. La joye & les espérances de cette Cour furent augmentées par les nouvelles que l'on reçut en même-tems de Perse. Elles portoient que les habitans de Casbin avoient offert par Députés à Abdoullah-Pacha de reconnoître la domination Othomane, à condition que l'on se contenteroit de leur donner un Gouverneur Turc, & qu'on ne leur envoyeroit point de troupes : sur quoi ce Général plus prudent que scrupuleux, avoit détaché douze mille hommes commandés par Ali-Pacha, l'un de ses principaux Officiers, qui avoit pris possession de la ville au nom du Grand-Seigneur.

On apprit encore vers le même-tems que Meraga étoit tombée sous la domination de la Porte ; mais peu s'en fallut que cette conquête ne lui devînt funeste, par la jalousie qu'elle excita entre les Pachas Abdoullah & Ahmed, qui tous deux en prétendoient le Gouvernement. Cette Place avoit toujours été de la dépendance de Tauris, circonstance qui sembloit décisive; cependant le crédit & la faveur d'Ahmed l'ayant emporté sur toute autre considération, Abdoullah fut si piqué de cette préférence, qu'il se seroit retiré dans son Pachalic d'Urfa, si le Grand-Seigneur, qui connoissoit toute la difficulté de remplacer un homme tel que lui, ne l'avoit engagé de sacrifier son ressentiment à l'interêt de l'Empire.

XVIII. Cependant la Cour de Russie, qui l'année précédente s'étoit donné si peu de mouvemens au sujet des affaires de Perse, essayoit de réparer le tort que cette négligence avoit fait à sa réputation. De nouveaux Généraux & des corps nombreux de troupes passoient par ses ordres dans les Provinces conquises : elle menaçoit tacitement les Turcs de mettre dans ses intérêts des Puissances plus voisines de leurs Etats, & par-là plus à craindre pour

eux que les Aghvans; & profitant de
l'embarras où la guerre que la Porte venoit de déclarer à ces peuples alloit la
jetter, elle envoya des ordres précis à
Monsieur Romanzoff de demander à se
retirer, si l'on éludoit plus long-tems de
le faire partir pour travailler au Réglement des limites.

Le Grand-Visir que Monsieur Romanzoff vit le six d'Avril à ce sujet, n'hésita
pas sur le choix de ces propositions. Il
l'assura dans les termes les plus forts que
les intentions de l'Empereur son Maître
étoient telles qu'il pouvoit les desirer; il
lui promit positivement qu'il dépendroit
de lui de s'embarquer, avec les autres
Commissaires, vers le commencement du
mois suivant, & il ajouta qu'il donneroit
incessamment ses ordres pour que l'on équi-
pât cinq galeres destinées à les porter eux
& leurs équipages à Trebizonde.

Ces Commissaires étoient un Aga
nommé Dervich-Mehemed, & Monsieur
d'Alion, le même qui avoit été chargé
en 1724 de faire agréer au Czar les pré-

liminaires du Traité. Ce Cavalier n'étoit âgé que de dix-neuf ans lorfqu'il fe rendit à la Cour de Ruffie : mais la connoiffance parfaite qu'il avoit de ces affaires, dans lefquelles le Marquis de Bonac fon parent l'avoit fait entrer, & les leçons de cet habile Miniftre, ayant développé de bonne heure fes talens pour la négociation, il fe tira fi bien de celle qu'on lui avoit confiée, que les Cours de Petersbourg & de Conftantinople l'avoient demandé de leur propre mouvement pour Commiffaire médiateur, ce que le Roi de France leur accorda, en le nommant à cet emploi le dernier d'Août de la même année.

Un choix fi flateur pour un homme de fon âge ne fervit cependant qu'à faire connoître l'opinion que l'on avoit de fa capacité ; car la Cour de France ayant été informée des liaifons que la Czarine avoit prifes avec l'Empereur des Romains, elle manda à Monfieur d'Alion de ne point partir pour la Perfe jufqu'à nouvel ordre, & il fut enfin rappellé, lorfque l'on fçut

que ces négociations avoient été suivies
d'un traité d'Alliance.

A l'égard de Monsieur Romanzoff, la
Porte pressée par les circonstances ne dif-
fera plus son départ. Il eut le vingt-quatre
de Mai audience du Grand-Visir, & s'é-
tant embarqué le lendemain avec le Com-
missaire Turc, trois galeres destinées à ce
transport mirent à la voile le jour suivant
pour Trebizonde, où elles arriverent sans
autre accident, que celui que leur causa
dans les premiers jours de la navigation
une tempête, qui ayant emporté l'éperon
d'un de ces bâtimens, les obligea de relâcher sous l'un de ces écueils voisins de
l'embouchure de la mer Noire, connus
par les anciens sous le nom d'Isles Cyanées.

XIX. La Porte n'ignoroit pas les raisons qui retenoient Monsieur d'Alion à
Constantinople ; mais le Traité de Hanovre (1) la rassurant contre les liaisons que
la Czarine prenoit avec l'Empereur des

(1) Traité d'alliance 1725, entre la France,
deffensive, conclu à l'Angleterre & la Prus-
Hanovre en Septembre se.

Romains, elle n'en agiſſoit pas avec plus de ménagement à l'égard de la Cour de Ruſſie. Monſieur Nepluief eut bien-tôt lieu de s'en appercevoir ; car ayant remis au Grand-Viſir une lettre de la Czarine dans laquelle cette Princeſſe affectoit de ne point parler de la médiation de la France, ce Miniſtre lui fit connoître qu'il étoit bien inſtruit des motifs de cette omiſſion volontaire ; puis paſſant aux affaires de Perſe, il lui dit d'un ton vif, que le Grand-Seigneur ne s'étoit déja que trop plaint de la lenteur des Ruſſes à ce ſujet ; que déſormais ſans s'amuſer à de nouveaux reproches, il feroit pénétrer ſes armées auſſi avant qu'il leur ſeroit poſſible ; qu'elles s'empareroient d'Iſpahan, comme elles s'étoient emparées d'Ardebil & de Caſbin ; qu'enfin elles ne meſureroient déſormais l'étendue de leurs conquêtes, que ſur le ſuccès de leurs entrepriſes. Après quoi ce Miniſtre prenant un ton plus poſé, mais peut-être encore moins ſatisfaiſant ; » On ne peut, ajouta-t-il, » craindre aucun inconvénient d'une pa-

» reille réfolution, car fi Tahmas implo-
» re la clémence du Sultan mon Maître
» par l'entremife de la Ruffie, nous en
» ferons quittes pour lui rendre les lieux,
» qui, fuivant le Traité, ne doivent pas
» nous appartenir.

Les effets répondoient à la fierté de ces difcours. Monfieur Nepluief apprit quelques jours après que mille hommes détachés de la garnifon d'Ardebil étoient entrés dans le Ghilan, où ils avoient fait divers actes d'hoftilités ; & en ayant fait porter fes plaintes au Grand-Vifir, ce Miniftre fe contenta de lui faire dire qu'il défapprouvoit cette action, mais que les Ruffes n'auroient pas dû fe faire un fcrupule de repouffer à force ouverte des troupes qui entroient à main armée fur leurs terres.

Une réponfe fi féche donna beaucoup à penfer au Réfident. On ne pouvoit préfumer que ce détachement eut agi de fon chef, & l'on en inferoit qu'il n'étoit entré dans le Ghilan que pour tâter les Ruffes & reconnoître en même-tems leurs forces

O v

& la nature des lieux. Le chagrin que les Turcs témoignoient de voir fous la domination de la Ruffie cette Province, que le commerce des foyes rend l'une des plus riches de la Perfe ; & les follicitations continuelles que l'Ambaffadeur d'Angleterre faifoit à ce fujet, étoient des motifs plus que probables pour former ces conjectures.

XX. Les armées Othomanes s'étoient cependant mifes en campagne, & leurs premieres actions fembloient leur annoncer autant de fuccès que les années précédentes. Abdoullah-Pacha avoit eu avis que les *Chafevens* (1) voifins du confluent de l'Araxes & du Cur, avoient formé le deffein de profiter de fon éloignement, pour faire rentrer Ardebil fous l'obéiffance de Tahmas : il détacha contre eux dix mille hommes de fes meilleures troupes

(1) *Affectionnés au Roi.* Ce n'eft point un peuple, mais un certain nombre de Gentilshommes à qui Abas-le-Grand a donné à perpétuité des terres, à condition de fervir, avec un certain nombre de leurs vaffaux, quand ils feroient mandés.

commandées par Abderrahmam son fils.
Cette petite armée arriva devant cette
Ville peu d'heures après les ennemis. Le
combat fut sanglant & si opiniâtre, que
l'on assure qu'il dura quatre jours entiers;
ce qui paroît supposer que les Chasevens
étoient déja maîtres de la place, mais les
Turcs en remporterent enfin tout l'avantage, & ils les poursuivirent jusqu'au de-
là des frontieres du Ghilan.

Les bruits qui coururent alors qu'un
corps de six mille hommes détaché de la
même armée pour soumettre quelques
Arméniens habitués dans les montagnes
voisines de Chamaki, avoit été entierement deffait par ces peuples, n'empêcherent pas les habitans de Constantinople,
à qui l'on cachoit avec soin de telles disgraces, de se réjouir de cette victoire; &
l'allégresse publique s'accrut bien-tôt par
les nouvelles que l'on reçut d'un evene-
ment plus considérable.

Tahmas échappé, comme nous l'avons
dit, du piége qu'Aschraf lui avoit tendu,
n'étoit plus occupé que des moyens de

monter de vive force fur le thrône de fes ancêtres : mais ce Prince errant en fugitif dans les montagnes du Mazanderan, & trahi ou abandonné de prefque toutes les autres Provinces, fentoit affez qu'il n'etoit point en état de réfifter à tant d'ennemis à la fois. Ces triftes circonftances le déterminerent enfin à confentir à l'exécution du traité de Conftantinople. Il envoya en conféquence un Ambaffadeur à la Cour de Ruffie, & écrivit à Abdoullah, pour que ce Général prévínt la Porte Othomane de cette réfolution.

Un extrait fidéle de la lettre de ce Prince, fera voir qu'elle étoit écrite d'un ftyle auffi noble que touchant. » Les plus
» vils de nos Sujets, difoit-il, quelques
» miferables Tribus d'Aghvans, fe fou-
» levant par l'ordre du Dieu très-haut
» contre leurs Maîtres légitimes, fe font
» emparés d'une partie de nos Etats. Vous
» avez profité de ces fatales conjonctures
» pour nous attaquer, & ces hoftilités
» nous ont fi fort troublé, que nous n'a-
» vons pû fonger à arrêter les progrès des

" rebelles. Nous ne nous attendions pas
" à un tel procédé. Qui auroit pû croire
" qu'Ibrahim, qu'un Général Othoman,
" auroit recours à l'artifice pour se rendre
" maître de Tiflis ?

" *L'on ne connoît point un ennemi cou-*
" *vert du voile de l'amitié. L'oiseau sçait-*
" *il que la branche sur laquelle il se repo-*
" *se servira peut-être un jour à faire sa*
" *cage ?* (2)

" Les Russes nous ont offert leurs secours,
" mais nous n'avons pas voulu en rece-
" voir d'une Nation ennemie de notre
" religion. C'est pourquoi, dans la né-
" cessité de punir des Sujets rebelles, nous
" vous prions d'engager notre illustre
" pere, notre oncle, le *Padichah* (3) re-
" fuge de tout l'Univers, de nous ac-
" corder une trêve de trois années, &
" nous consentirons que les pays que
" vous avez conquis restent pour tou-
" jours sous votre puissance.

(2) Vers Arabes ou Persans.
(3) Titre que le Grand Seigneur prend, & que l'on explique mal-à-propos par celui d'*Empereur.*

Quelque avantageuſes que paruſſent ces propoſitions, la Porte balança long-tems ſur le parti qu'elle avoit à prendre. Elle craignoit, en accordant la trêve que ce Prince lui demandoit, de le mettre en état de ſe faire rendre un jour ce qu'il ne cédoit alors que pour ſe conformer aux tems ; & ſi elle étoit inflexible à ces inſtances, Tahmas au déſeſpoir pouvoit ſe livrer entierement aux Ruſſes ; peut-être même entrer en quelque accommodement avec Aſchraf. Dans ces circonſtances elle chargea Muſtafa-Effendi (4), homme que ſon eſprit & ſes talens avoient élevé de bonne heure à des emplois conſidérables, d'aller examiner de près la ſituation des affaires, ſous le prétexte ſpécieux de ſuivre la négociation que ce Prince venoit d'entamer.

La démarche que Tahmas avoit faite envers la Cour de Ruſſie n'eut pas une fin plus heureuſe. Le Prince Dolgoruki qui commandoit cette année dans les Provin-

____

(4) Cet Effendi n'eſt pas celui dont je cite differens ouvrages.

ces conquises, eut ordre d'arrêter son Ambassadeur pour traiter avec lui. On ignore ce qui se passa à ce sujet ; mais comme la Czarine ne fit aucun mouvement en faveur de ce Prince, on présume avec raison que cette Ambassade n'eut aucun succès.

XXI. Ces differentes négociations, & le voisinage des armées Othomanes causoient cependant de vives inquiétudes à Ispahan. Aschraf considérant que toutes ses forces réunies suffiroient à peine pour défendre une Ville si vaste & si mal fortifiée, avoit formé un projet qui paroîtra sans doute singulier. C'étoit d'élever une seconde Ville dans l'enceinte même de la premiere (1). Ses murailles d'environ quarante pieds de hauteur, furent flanquées de tours éloignées de cinquante pas l'une de l'autre ; on les entoura d'un fossé large & profond, & ce qu'il y a de plus

(1) *Ce château*, dit M. le Chev. de Gardane, *n'est autre chose qu'une enceinte de murailles de terres au milieu de la ville, avec des tours de douze en douze pas de même matiere. Il renferme la vieille citadelle, la grande place, la maison du Roi, & peut avoir une bonne lieue de circuit.*

étonnant, c'est que cette nouvelle place fut achevée en moins de trois mois, quoiqu'elle n'eût pas moins de deux lieues de circuit.

Afchraf s'étant ainfi préparé une retraite, fongea aux moyens d'en rendre l'accès plus difficile à fes nouveaux ennemis. Dans cette idée, il détacha quelques troupes qui ravagerent entierement le plat-pays depuis cette capitale jufques aux portes de Cafbin.

Cette manœuvre obligea Ahmed-Cupruli-Pacha qui s'avançoit vers Ifpahan à la tête d'une puiffante armée, de chercher une nouvelle route ; & dès qu'il fe fut éloigné, les habitans de Cafbin, excités par les émiffaires d'Afchraf, fe déclarerent pour ce Prince & chafferent de leurs murs la garnifon qu'Abdoullah leur avoit envoyée contre la foi du traité.

Afchraf qui comptoit plus fur les refforts de la politique, que fur la force de fes armes, fit publier à cette occafion des Manifeftes, par lefquels il exhortoit quelques autres Villes à fuivre cet exemple ;

& pour les y porter plus aifément, il promit d'exempter de tout impôt pendant le cours de trois années, les peuples qui fe foumettroient volontairement à fa domination.

Ce Prince, à l'exemple de fon prédéceffeur, ne négligeoit rien pour dérober aux habitans de fa capitale la connoiffance de ce qui fe paffoit au-dehors ; cependant ils avoient eu quelques avis des mouvemens & des deffeins des Turcs, & ces nouvelles peu circonftanciées jettoient dans tous les cœurs une confternation que de faux bruits redoubloient encore. On parloit fourdement de trois ou quatre armées qui devoient tomber en même-tems fur les Aghvans ; & l'exagération fi naturelle à la crainte, faifant monter les feules forces d'Ahmed à plus de deux cens mille hommes, la deftruction prochaine de ces peuples étoit regardée comme un évenement infaillible. Ce qui reftoit de Perfans & les Chrétiens, les uns par une jufte averfion, les autres par des vûes de commerce, fouhaitoient également de changer de Maîtres ; mais le souvenir récent des miseres qu'ils avoient souffertes à cette occasion, & l'idée qu'ils se faisoient de la cruauté des Turcs qui ne devoient, disoient-ils, laisser la vie qu'à ceux qu'ils daigneroient choisir pour esclaves, leur faisoient craindre cette nouvelle révolution, comme un malheur aussi grand qu'ils le jugeoient inévitable.

XXII. Aschraf mieux instruit n'étoit pas sans inquiétudes ; mais sçachant de quelle importance il est dans ces occasions de cacher de tels mouvemens, lors même qu'ils sont fondés sur la prudence, il les dissimuloit avec soin ; & pour mieux faire croire qu'il méprisoit l'ennemi, ou plutôt pour ne pas tout risquer à la fois en l'attendant sous les murs de sa capitale, il en sortit à la tête de ses troupes, & marcha à sa rencontre.

Son premier camp fut à Chah-Baghi, lieu éloigné de cinq à six lieues d'Ispahan. Il y employa quelques jours aux préparatifs nécessaires à ses desseins ; après quoi il marcha vers Amadan par la route qu'il ſçavoit qu'Ahmed tenoit pour venir à lui.

Ce Général qui craignoit peut-être de s'engager trop avant dans le pays, n'étoit encore qu'à vingt-deux lieues de cette Ville, lorſque ſes batteurs d'eſtrade lui rapporterent que les Aghvans commençoient à paroître. Sur cette nouvelle il fit faire alte à ſes troupes, & Aſchraf informé du peu de chemin qui lui reſtoit à faire pour joindre les Turcs s'arrêta de ſon côté, & ordonna à ſes troupes de ſe préparer au combat.

Les armées campées à trois lieues l'une de l'autre s'obſervoient mutuellement depuis quelques jours, quand Ahmed forma la réſolution de tâter l'expérience & le courage d'un ennemi qu'il ne connoiſſoit point encore. Dans cette vûe il ordonna à deux mille Spahis ſoutenus de quatre mille Janiſſaires de marcher en avant; mais cette troupe conduite par des guides peu ſûrs ayant été coupée à demie lieue du camp d'Aſchraf, elle fut enveloppée de toutes parts & taillée en pieces, preſque ſous les yeux de ſon Général, qui

1726. s'ébranloit déja avec le reste de ses forces pour la secourir.

Ahmed étonné de cette disgrace, ordonna à son armée de se retrancher promptement. Cependant Aschraf qui cherchoit à obtenir par la ruse une victoire que le peu de discipline de ses troupes ne lui permettoit pas d'espérer par des voyes plus nobles, travailloit sous main à porter l'esprit de division & de révolte dans le camp ennemi. Il n'épargnoit ni présens ni promesses pour engager les Officiers qu'il jugeoit le moins attachés à leur devoir ; & ses partisans y semoient parmi les Soldats des billets en forme de manifeste, dans lesquels il protestoit ; » que c'étoit » avec la plus vive douleur qu'il voyoit » des Musulmans obstinés à se détruire ; » que cette guerre illicite & déshono- » rante pour la religion n'avoit déja que » trop duré, que pour lui il prenoit à » témoin Dieu & Mahomet son Prophé- » te, qu'il ne souhaitoit rien avec tant » d'ardeur que d'entrer en quelque ac- » commodement raisonnable.

XXIII. Une démarche plus éclatante & non moins artificieuſe que celle-là acheva de déterminer les eſprits ébranlés. Il choiſit dans ſa nation les quatre Cheiks(1) que l'âge, l'exterieur & la ſcience rendoient les plus vénérables, & leur ayant ordonné de prendre les habits de cérémonie de leur dignité, il les envoya comme Ambaſſadeurs au camp du Pacha.

Ces vieillards s'étant préſentés ſans armes, furent conduits à ce Général qui les reçut honorablement. Après les complimens ordinaires, le plus âgé d'entre eux prenant la parole au nom de tous lui dit d'un ton ferme & modeſte; ,, qu'Aſ-
,, chraf-Kan leur Souverain Seigneur les
,, envoyoit vers lui pour l'inviter à ne
,, plus tirer le ſabre contre des Muſul-
,, mans qui n'avoient fait qu'accomplir
,, le précepte de la loi en renverſant le
,, thrône des Alides. Que ce Prince s'é-
,, tonnoit que les Othomans le traitaſſent

____

(1) Ce mot Arabe ſignifie non-ſeulement un Vieillard, mais encore un Prince, un Docteur ou un Chef de Communauté.

» en ennemi, & pour comble de fcanda-
» le, fe liguaffent avec des Chrétiens, à
» deffein de le dépouiller d'un Royaume
» fur lequel l'avantage de defcendre de
» la tribu du Prophéte, la religion &
» fes conquêtes lui donnoient de fi juftes
» droits : enfin qu'il proteftoit devant
» Dieu de tout le fang qui feroit répandu
» en cette guerre impie, fi Ahmed, s'o-
» piniâtrant à l'empêcher d'établir le vrai
» culte dans le refte de fes Etats, conti-
» nuoit à mettre les Aghvans dans la dure
» néceffité de fe défendre contre leurs
» freres.

L'audience fe donnoit, fuivant l'ufage,
en plein Divan. Ahmed qui voyoit que ce
difcours faifoit impreffion fur les efprits
déja prévenus par l'âge & le caractere des
Députés, fe hâta de répondre; » Qu'il
» n'étoit paffé en Perfe qu'en conféquen-
» ce des ordres de l'Empereur fon Maître,
» que les Mufulmans ne pouvoient, fui-
» vant la loi, avoir plus d'un chef tant
» pour le fpirituel que pour le temporel,
» & que le Grand-Seigneur, fucceffeur

» des Califes, étant en poſſeſſion de ce
» titre, Aſchraf n'avoit d'autre parti à
» prendre que celui de le reconnoître en
» cette qualité, ſinon qu'il éprouveroit
» dans peu, quels étoient la force & le
» courage des armées Othomanes.

Ce Général avoit à peine achevé de parler que les cris des Moëzin (2) annoncerent qu'il étoit midi. Les Cheiks attentifs à leur devoir, & peut-être plus encore aux intérêts de leur Maître, ſe leverent alors ſans répliquer, & ſe mettant en prieres avec les Turcs, à qui ils donnoient par-là une nouvelle preuve de la conformité de leur religion, ils finirent par demander à haute voix au Ciel, qu'il lui plût d'ouvrir les yeux & de toucher les cœurs de ces Muſulmans leurs freres.

Ils ſe retirerent enſuite en proteſtant de nouveau de tout le ſang qui alloit ſe répandre. Cette conduite artificieuſe, ſoutenue des intrigues ſecretes d'Aſchraf, commença bien-tôt à produire ſes effets;

____

(2) Gens prépoſés pour appeller les peuples à la priere.

car les Députés étoient à peine hors du camp, qu'un Prince Curde les joignit avec cinq mille hommes de sa nation.

Le Pacha informé que les Cheiks étoient suivis par un corps beaucoup plus nombreux que celui qu'il leur avoit donné pour escorte, se douta de la trahison & envoya un gros de cavalerie après les déserteurs; mais une partie de ces détachemens s'étant jointe aux Curdes, ils firent face à ce qui resta fidéle, & se jetterent ensemble dans l'armée ennemie.

XXIV. Une défection de si dangereux exemple toucha vivement Ahmed, qui, pour en prévenir les suites, résolut de ne plus différer le combat. Il l'écrivit à Aschraf; & ce Prince plus flatté de l'esperance de la victoire, qu'irrité du titre de rebelle qu'Ahmed lui donnoit dans sa lettre, sortit aussi-tôt de son camp & marcha droit à lui.

Sur les premiers avis de ce mouvement, les Turcs sortirent de leurs lignes & se rangerent en bataille. Leur armée étoit de soixante-dix à quatre-vingt mille hommes

1726.

hommes (1). Vingt mille cavaliers Curdes, sous les ordres de Babec-Soliman-Oglou leur Prince, formoient l'aîle droite; Selictar - Mehemed & cinq autres Pachas, entre lesquels étoient Abderrahmam fils du Seraskier Abdoullah, & Hussein, de la célébre famille de Cupruli, commandoient la gauche, & ces différentes troupes étoient soutenues du feu de soixante-dix pieces de canon.

Vingt-sept mille hommes d'infanterie, entre lesquels on comptoit douze mille Aghvans couverts de cottes de mailles, seize mille hommes de cavalerie, Aghvans, Usbecs ou Parsis, & quarante petites pieces d'artillerie montées sur des chameaux, composoient les forces d'Aschraf. On assure que ce Prince environné de ses principaux Ministres & élevé, suivant l'usage des Rois des Indes, sur un thrône porté par un éléphant, s'amusoit pendant le combat à jouer de la flûte;

____

(1) M. le Chevalier de Gardane dit 120 mille; mais il étoit alors à Ispahan, où l'on avoit interêt d'exagérer sur ce point.

action bizarre, & qui pourroit paſſer pour une affectation ridicule, ſi, partant d'un homme tel que lui, on n'aimoit mieux la regarder comme un moyen qu'il jugeoit propre à inſpirer de la confiance à ſes ſoldats.

Le lendemain de la députation les armées ſe trouvant en préſence, celle des Turcs donna ſur les huit heures du matin le ſignal du combat en tirant dix coups de canon. Les Aghvans y répondirent de cinq, pendant que le Seraskier marchoit fierement contre eux à la tête de l'aîle droite. Il chargea juſqu'à trois fois avec toute la valeur d'un homme qui veut vaincre ou mourir, & le feu de ſon artillerie ne diſcontinua point; mais ce Général repouſſé par-tout & ne pouvant plus rallier ſes troupes, ſe vit enfin forcé ſur les trois heures du ſoir de ſe retirer en deſordre dans ſes retranchemens (2).

(2) M. le Chevalier de Gardane attribue la victoire à l'attention qu'eut Aſchraf d'envoyer deux détache-mens, qui ayant pris un grand détour, attaquerent en queue & en flanc l'ennemi pendant l'action. Il parle peut-

Cette bataille se donna dans les derniers jours de la Lune Rebiuleuvel 1139, c'est-à-dire, vers le vingtiéme du mois de Novembre mil sept cens vingt-six. Les Turcs y perdirent douze mille hommes, & leur défaite auroit probablement été plus complette, si Aschraf qui avoit intérêt de soutenir le caractere de modéra- tion qu'il affectoit à leur égard, n'avoit deffendu de poursuivre les vaincus.

Un nouveau motif de politique pou- voit d'ailleurs l'engager à tenir cette con- duite. La plus grande partie de l'armée Othomane n'avoit pas combattu, & il eut été d'autant moins prudent de mar- quer un acharnement qui pouvoit faire échapper une victoire déja remportée, que ce Prince ne pouvoit douter que le découragement & la désertion, si ordi- naires parmi ces peuples après de telles disgraces, ne missent désormais l'ennemi hors d'état de tenir la campagne.

être du combat qui pré- effectivement envelop-
ceda la bataille & dans pés.
lequel les Turcs furent

XXV. Aſchraf s'étant donc contenté de gagner le champ de bataille, il y tranſporta ſon camp. L'évenement juſtifia bientôt la ſageſſe de ſes vûes ; car dès la nuit ſuivante les Curdes rebutés de la guerre ſe répandirent le long de la ligne, en criant qu'une partie de l'armée étoit paſſée dans celle des Aghvans, & qu'il falloit ſe retirer ſur l'heure, ou ſe reſoudre à périr ; après quoi profitant du déſordre qu'ils cauſoient, ils commencerent à piller les équipages.

Ces clameurs ſéditieuſes produiſirent l'effet que leurs auteurs en attendoient. Le Seraskier qui ſentoit que ce ſeroit ſe perdre inutilement, que de s'expoſer à un ſecond combat avec des troupes prévenues & mutinées, décampa ſans bruit, & abandonnant l'artillerie & le bagage aux vainqueurs, il ſe retira en diligence vers Kerman-Chah.

Il ne fut point inquiété dans ſa marche ; le Prince Aghvan, dont le deſſein n'étoit pas d'achever de détruire une armée facile à remplacer, mais de déconcerter ſans re-

tour les projets de la Porte en augmentant
la répugnance que la nation Turque en
général témoignoit pour cette guerre,
l'accompagna plutôt qu'il ne le pourfui-
vit jufques fous les murs de cette place ;
& non content de vaincre & de chaffer
ainfi fes ennemis au-delà de fes frontieres,
fans paroître avoir en cela d'autres vûes
que celles de fe tenir fur la défenfive, il
prit une voye auffi finguliere qu'artifi-
cieufe, pour porter une nouvelle atteinte
à leur puiffance.

Ce fut d'envoyer à Ahmed des Députés, qui au lieu de chercher à entamer
quelque négociation, comme on préfumoit qu'ils avoient ordre de le faire, lui
.déclarerent publiquement ; » qu'Afchraf
» n'ayant pas jugé que les dépouilles de
» gens de même religion puffent être
» retenues comme un butin légitime, ce
» Prince qui venoit en Monarque pren-
» dre poffeffion de fes Etats, & non en
» voleur enlever le bien de fes freres,
» les avoit chargé de lui dire qu'il eut à
» envoyer retirer le tréfor, les équipages

» & généralement, à l'exception des ar-
» mes, tout ce que ſes troupes avoient
» abandonné dans leur camp après leur
» deffaite.

A ce témoignage apparent de généro-
ſité, Aſchraf en ajouta un autre ; ce fut
de lui rendre ſes priſonniers. Ce Prince
vouloit ſans doute par-là ſe faire des partiſans dans les différentes Provinces de
l'Empire, de gens dont il n'avoit plus
rien à craindre, au moins pour cette campagne ; puiſque le Seraskier, qui n'avoit
oſé l'attendre dans Kerman-Chah, ſe
retiroit ſous Bagdad même, avec ce qu'il
avoit pû ramaſſer des débris de ſon armée.

L'attention ordinaire de la Porte à dé-
guiſer de ſemblables diſgraces, a toujours
fait douter de quelques circonſtances eſ-
ſentielles de cette action. Bien des gens
diſent, par exemple, que Babec-Soliman-
Oglou refuſa le combat avec ſes Curdes
au moment même de la charge, pour
venger par-là le ſang de ſon pere, & de
pluſieurs de ſes freres que cette Cour avoit
fait mourir par ſimple raiſon d'Etat : d'au-

tres assurent au contraire qu'il y fut blessé en cinq endroits, & que cet accident fut cause de la mutinerie de ses troupes, qui n'étant plus retenues par la présence de leur chef, obligerent, comme on l'a vû, dès la nuit suivante le Général à se retirer.

XXVI. Les nouvelles de cette deffaite arriverent à Constantinople vers la fin de Décembre. Le Ministere y fut d'autant plus sensible qu'il n'étoit pas d'ailleurs exempt d'inquiétudes. La mort du Czar n'avoit été suivie d'aucun des changemens, ausquels on devoit naturellement s'attendre. Les dernieres volontés de ce Monarque, appuyées d'une partie des Grands & de tout le corps Militaire, l'ayant emporté sur les anciennes loix, & sur l'usage le plus général, Catherine avoit monté sans obstacles & se soutenoit sans concurrence sur le thrône de Russie.

On a vû que Vactan chassé de Tiflis s'étoit retiré à Petersbourg. La Czarine piquée du peu de considération que la Porte témoignoit pour les représentations de ses Ministres, venoit d'envoyer ce Prince à Aſtracan, ce qui, eu égard à la proximité des lieux & au caractere inconſtant des Georgiens, ne pouvoit être regardé que comme une ménace tacite.

Ce qui ſe paſſoit d'ailleurs non loin de-là, n'étoit pas d'une conſequence moins dangereuſe. L'audace de Deli Sultan, chef des mécontens de Crimée, s'étoit accrue avec ſes forces. Sa réputation dans les armes & le deſir de piller ayant attiré un grand nombre de Circaſſiens & d'autres Tartares ſous ſes enſeignes, ce Prince avoit fait depuis peu une incurſion vers Azof, d'où il étoit revenu chargé de butin, avant que le Kan ſon oncle, qui s'étoit mis à ce ſujet en campagne eût eu le tems de s'y oppoſer.

Enfin le Prince Dolgoruki n'avoit pas fait de grands progrès du côté du Chirvan, & les Leſghis maîtres de cette Province, avoient trop d'intérêt à s'oppoſer au partage que l'on prétendoit en faire, pour que Monſieur Romanzoff & Dervich-Mehemed puſſent même entreprendre de s'acquitter de leur commiſſion.

Tels étoient pour les parties Septentrionales les objets dont les esprits étoient agités. On n'étoit guéres plus tranquile sur ce qui pouvoit arriver du côté du Midi. La Porte n'ignore pas que quelque leger que soit le joug qu'elle impose aux Arabes, ces peuples d'un naturel fier & indépendant ne s'y soumettent qu'à regret. Le titre de Coraïch que prenoit Aschraf, joint au desir de la nouveauté, pouvoit les engager dans le parti de ce Prince : avec un tel secours il lui étoit facile de s'emparer de la Mecque & de Medine, & de se faire proclamer Imam, ce qui pouvoit être suivi des mêmes révolutions, dont la Perse fournissoit un si terrible exemple.

Les troubles de l'Egypte plutôt assoupis que pacifiés, & la disposition des esprits dans le reste de l'Empire, ne justifioient que trop ces tristes conjectures. Les habitans même de Constantinople qui démêloient aisément par quel motif on tâchoit depuis quelque tems d'insinuer qu'Aschraf avoit embrassé la religion des

Perſans, traitoient d'odieuſe & d'illicite une guerre entrepriſe contre une nation de même croyance. Il étoit donc probable que l'on attribueroit la perte de la bataille à la juſtice Divine, qui avoit confondu la témerité de ceux qui s'étoient oppoſés à la propagation de la foi, en ſe déclarant contre les deſtructeurs de la Monarchie des Alides, & une telle prévention pouvoit entraîner de fâcheuſes ſuites.

XXVII. Dans de telles circonſtances tout autre qu'Ahmed-Pacha auroit pû, ſuivant un trait de politique trop ordinaire en Orient, ſe voir imputer cette diſgrace, & ſous ce prétexte être ſacrifié au reſſentiment public. Mais ce Général étoit fils d'un homme à qui la Porte avoit inutilement demandé pluſieurs fois ſa tête; & l'on devoit d'autant plus le ménager, qu'Aſchraf, en faveur de qui rien ne l'empêchoit de ſe déclarer, étoit à portée de le maintenir dans ſon Gouvernement; que peut-être même, eu égard aux conjonctures, Ahmed pouvoit, ſous la protection des Aghvans, s'attribuer la Sou-

veraineté de cette Province; ce que l'on
soupçonnoit avoir toujours été l'objet de
l'ambition de son pere.

1726.

Toutes ces réflexions étoient solides,
& les suites de tels évenemens devoient
probablement réveiller les ennemis naturels de la Porte. La République de Venise n'avoit point oublié ses droits sur la
Morée, ni l'Empereur des Romains les
siens sur la Bosnie, Province d'ailleurs si
fort à sa bienséance; & ce Prince déja peu
satisfait de ce que les Algériens avoient
enlevé un des vaisseaux de la Compagnie
de Commerce qu'il avoit établie à Osten-
de, étoit non-seulement en paix avec
toute l'Europe; mais encore dans une liai-
son étroite avec la Czarine, qui, comme
on l'a vû, n'avoit pas lieu d'être contente
des procedés de la Porte.

A l'égard du Prince Tahmas, que l'on
ne méprisoit point assez pour négliger d'en
tirer des droits, toute l'habileté de Mus-
tafa-Effendi, n'avoit pû encore le déterminer sur les conditions qui lui étoient
offertes.

Il y a apparence que le Grand Divan qui s'aſſembla le lendemain roula ſur partie de ces conſidérations. On ne ſçait quel en fut le réſultat : mais on obſerva que le Reys-Effendi & le Kiaya reſterent enfermés pendant deux ou trois jours dans le lieu où il s'étoit tenu, & qu'ils n'en ſortirent qu'après avoir dépêché plus de ſoixante Agas, tant en Europe qu'en Aſie, avec les ordres néceſſaires pour y aſſembler des troupes & les faire marcher ſur la frontiere de Perſe.

Cependant l'hiver étoit commencé ; une partie de celles qui compoſoient les armées Othomanes entra dans les Villes voiſines, & le reſte fut prendre ſes quartiers en Géorgie.

XXVIII. Le Grand - Seigneur piqué d'une diſgrace ſi ſenſible avoit enfin ouvert ſes tréſors, & ſes Miniſtres n'étoient occupés que des moyens de s'aſſurer une campagne plus heureuſe. On embarqua pour Alexandrette dix à douze mille hommes qu'on avoit ramaſſés en différens endroits ſous prétexte de les tranſporter à

Alexandrie, & de les envoyer de-là contenir les Arabes. Six mille hommes d'Eydin qui paroissoient destinés pour l'Egypte, eurent ordre de les y joindre, ainsi qu'un pareil corps tiré des milices de ce Royaume ; & y ayant d'autant plus lieu de compter sur les sujets Chrétiens, qu'ils ne pouvoient être susceptibles des impressions artificieuses d'Aschraf, les Pachas de Nissa & de Bosnie prirent la même route, l'un avec vingt mille Albanois, l'autre avec dix mille Bosniens : enfin, au commencement d'Avril mil sept cens vingt-sept, dix vaisseaux de guerre allerent chercher de nouveaux renforts à Salonique.

Tel fut en partie le puissant secours que la Porte envoya vers le commencement de cette année à Ahmed-Pacha, que sa défaite & le peu de fonds qu'il pouvoit faire sur ses troupes mettoient hors d'état de tenir la campagne.

Cette triste situation & les vûes politiques d'Aschraf occasionnerent sans doute l'espece d'inaction où l'on resta de part & d'autre tout cet hiver, pendant lequel on

1726.

1727.

ne vit d'entreprife que celle de Sari-Muftafa, qui étant forti de Gandja où il commandoit, mit en fuite, plutôt qu'il n'affujettit les Arméniens voifins de Chamaki.

Ces peuples profitant des circonftances avoient formé une efpece de République, qui, comme on l'a dit, s'étoit déja fait connoître par l'entiere défaite d'un corps de fix mille hommes qu'Abdoullah-Pacha avoit détaché contre eux l'été précédent. Ils ne furent pas long-tems fans fe venger de l'échec qu'ils venoient de recevoir. Ils avoient coutume de s'affembler en grand nombre pendant les Fêtes de Pâques dans une vafte plaine. Ayant appris que les Turcs qui ne pouvoient les forcer dans leurs montagnes, avoient deffein de faifir cette occafion pour les furprendre, ils prirent de fi juftes mefures, que ce qui échappa d'ennemis dans le combat, alla périr dans les défilés où les Arméniens avoient embufqué à deffein une partie de leurs meilleures troupes.

XXIX. Pendant que ces chofes fe paffoient vers le Chirvan, & que les levées & la marche des gens de guerre mettoit tout en mouvement dans l'Empire Othoman; Afchraf, qui, pour fe maintenir fur le thrône, n'avoit prefque d'autres reffources que celles que lui fournissoit fon génie, fongeoit à conferver & à augmenter cette réputation de Prince équitable & religieux, dont il s'étoit déja fervi fi avantageufement.

C'eft dans cette idée qu'il obligea fes Miniftres & fes principaux Officiers de lui rendre compte de leur conduite; & pour mieux captiver la bienveillance des peuples, il fe foumit en quelque façon lui-même à cette loi, en adreffant aux Gouverneurs des places un détail de fes conquêtes, & de la maniere dont il avoit gouverné depuis fon avenement au trône.

Ce nouveau trait de politique étoit alors bien moins néceffaire que ce Prince ne le penfoit. Tant de préparatifs dont il fembloit devoir être accablé fe diffipoient d'eux-mêmes. Les nouvelles levées, que l'on avoit trompé fur le lieu de leur deftination, refufoient avec opiniâtreté de paffer les frontieres de l'Empire ; la défertion étoit d'autant plus grande, que la crainte d'un foulevement général en affuroit l'impunité ; enfin le peuple & le foldat murmuroient également contre une guerre qu'une prévention fuperftitieufe leur faifoit regarder comme injufte & impie.

La Porte allarmée d'une oppofition qui déconcertoit fes projets & pouvoit d'ailleurs entraîner les fuites les plus fâcheufes, ne balança pas long-tems fur le parti qu'elle avoit à prendre. Elle envoya couriers fur couriers au Seraskier Ahmed-Cupruli , avec les ordres les plus pofitifs d'entrer au plutôt en négociation & de faire la paix aux conditions les plus honorables qu'il pourroit obtenir.

Quelques preffans que fuffent ces ordres, Ahmed ne fe hâta pas de s'y conformer. Ce Général ayant tiré quelques nouveaux fecours des Curdes & des Arabes, fe voyoit encore une armée de foixante mille hommes, à la tête de laquelle

il

il comptoit bien réparer une défaite dont
la honte ne pouvoit lui être imputée.

XXX. Son caractere vif & impétueux
étoit trop connu pour compter tranquillement sur une obéissance absolue de sa part.
On envoya donc vers la fin de Juin sur
cette frontiere le Capigilar-Kiayassi (1)
Cara-Tlan-Oglou (2) chargé d'ordres se-
crets; & Richidi-Effendi , homme de tête
& consommé dans les affaires , nommé
peu de tems après Cadileskier, c'est-à-
dire Juge & Intendant de l'armée , se rendit au mois d'Août à Alep , d'où il partit
en poste pour le camp avec un nombreux
cortege.

Il ne pouvoit arriver plus à propos.
L'armée assemblée sous Kerman - Chah
étoit déja entrée dans la plaine d'Amadan , & il paroît que ce fut les armes à la
main & en présence de l'ennemi que le
fier Ahmed entama la négociation. Il envoya signifier à Zoula , premier Ministre

_____

(1) *Surintendant des*   (2) *Le Fils du Ser-*
Huissiers , ou *Grand-*   *pent noir.*
Chambellan.

Tome II.   Q

& Général des troupes d'Aschraf, que le moment de décider leur querelle étoit enfin venu, qu'ainsi il n'avoit qu'à accepter les conditions qu'il avoit ordre de lui propofer, ou à se préparer à une bataille dans laquelle il espéroit lui faire voir ce dont étoit capable un Général Othoman à la tête d'une armée fidéle.

La fierté d'un début si peu propre à concilier les esprits, ne fit, peut-être, que hâter la conclufion d'une paix que l'un & l'autre parti fouhaitoit également. La négociation en fut remife à des gens habiles & plus modérés, & le traité fut enfin figné au camp d'Amadan le dix-fept de la Lune de Safer de l'an 1139 de l'hegire, c'eft-à-dire, vers le commencement d'Octobre mil fept cens vingt-fept (3).

Un mémoire que le Grand-Vifir envoya à quelques Gouverneurs de province, fous le nom d'articles de ce traité, demande tant d'interprétations, fuppofe

____

(3) Le Traducteur de la Lettre du G. V. au Miri-Alem, dit que ce Traité fut figné le 3 de ce mois.

tant d'articles fecrets, & l'on y trouve d'ailleurs des différences fi effentielles en le confrontant avec d'autres lettres écrites par ce Miniftre ou publiées par fes ordres, qu'on ne croit pas devoir le rapporter ici : on fe contentera donc d'obferver que ce qui réfulte de plus certain des différentes pieces qui ont paru à ce fujet , fe réduit fommairement aux conditions fuivantes :

1°. Le Grand-Seigneur fera reconnu pour chef des Mufulmans & véritable Succeffeur des Califes.

2°. En cette qualité le *Coubé* ou Priere publique fe fera par toute la Perfe en fon nom.

3°. Les Provinces, Villes & Bourgs qu'il occupe en Perfe lui feront cédés à perpétuité.

4°. Il rentrera en poffeffion du Couziftan (4), pays reconquis fur fes troupes pendant la guerre.

5°. Il gardera de même les Villes de Zangan, Sultanié, Ebher, Tehran & leurs

(4) C'eft l'ancienne Suziane, dont Ahuaz que les Turcs nom- ment Huvaize eft une des villes principales.

Q ij

dépendances, après qu'il s'en sera emparé.

6°. L'artillerie, les armes & les étendards enlevés en 1726 à l'armée Othomane seront rendus.

7°. Aschraf sera reconnu par le Grand-Seigneur pour légitime Souverain du Royaume de Perse.

8°. Il sera nommé comme tel après le Grand-Seigneur dans les prieres publiques & fera battre monnoie en son nom.

9°. Il nommera à l'avenir un Emir-Hagi pour conduire la Caravane de Perse qui va toutes les années en pélerinage à la Mecque : cette Caravane prendra, suivant l'usage, la route de Bagdad , sans que le Gouverneur de cette Ville puisse lui donner comme autrefois un Chef, & elle ne reconnnoîtra l'autorité d'aucun des Officiers du Grand-Seigneur.

Le Traité ayant été ratifié de part & d'autre , des Lettres circulaires annoncerent la paix dans toute l'étendue de l'Empire Othoman, & le Grand-Seigneur, par une Ambassade solemnelle, reconnut Aschraf pour légitime Souverain de la Perse.

Fin du huitième Livre.